発達に不安がある子が遊びながら学べる

22のトレーニング

特定非営利活動法人子育て応援隊むぎぐみ
発達・療育支援部門 **Flos**（フロス）著

高濱正伸 監修

エッセンシャル出版社

はじめに

「あそトレ」は

「うちの子って本当に遊んでばかり」「どうしてあんなに遊んでいられるのかしら」…そんなふうにため息をついているお父さんお母さん、大丈夫です。子どもにとって遊びは、食事や睡眠と同じように「生きていくために絶対に必要な、それをせずにはいられないこと」。遊べば遊ぶほど、子どもは強く育ちます。遊びはまさに、子どもを育てる栄養のようなものです。

　本書では花まるグループの発達に偏りがある子のための塾・Flos（フロス）のトレーニングの中から、より遊びの要素を重視した家庭でも取り組みやすいものを選びぬき、親子で楽しい時間を過ごしながら学びの一歩を踏み出せるものを紹介しています。

　これらの遊びトレーニング（あそトレ）はもともと、ASD（自閉スペクトラム症）、SLD（限局性学習症）、AD/HD（注意欠如・多動症）などの子どもたちのほか、診断はされていないけれど発達のグレーゾーンにあると思われる子どもたちの心に寄り添い、学習のサポートをするために、Flosの心理専門スタッフと花まる学習会講師が協力して、工夫しながら編み出してきたものです。子どもたちが学ぶべきことを、楽しみながら自然と学んでいけるよう、子どもを伸ばすエッセンスをちりばめた、とっておきの遊びです。遊びながら学ぶことで、「勉強嫌い」が自然と「勉強って楽しい」に変わっていくよう考えられています。

　そんなFlosのトレーニングは、Flosのような特別な場所だけでなく、家庭で行ってもらうことで、より子どもたちを伸ばすことができます。

子どもを育てる栄養。

　また、発達に偏りがある子だけでなく、すべての親子にとってメリットを感じられる遊びです。特に、お子さんが小学校に入る前に学習に慣れさせたいという方、小学校に入ったのにぜんぜん学習の習慣がつかないと悩んでいる方。「子どもに勉強させなくちゃ！」とイライラするより、あえて子どもといっしょに遊ぶ習慣＝あそトレを始めてみませんか？

　家事をしているときに子どもから「いっしょに遊ぼう」と言われても、「忙しいからちょっと待って」「あとでね」。あんまりしつこいと「ムリって言ってるでしょ！」なんて怒っているとしたら、とてももったいないことかもしれません。子どもと遊ぶ時間は、かけがえのない時間です。ときには家事の手を止めて、いっしょに遊んであげてほしいと思います。お皿を洗うことよりも、洗濯物をたたむことよりも、子どもの心に寄り添い、いっしょに遊ぶことが優先されるべきときもあるのではないでしょうか。そのときの遊びがこの「あそトレ」のトレーニングなら、子どもの成長をサポートする「栄養」としての効果は保証できます。

　本書で紹介する「あそトレ」が、たくさんの親子の笑顔をつくり、お子さまの成長のお役に立てれば幸いです。

特定非営利活動法人子育て応援隊むぎぐみ
発達・療育支援部門 Flos スタッフ一同

1 学びの土台がしっかりする

あそトレは、「遊び」と「学び」を橋渡しする内容です。文字やかずに触れる機会を増やしたり、語彙を増やしたりすることで、ことばやかずの基礎的な能力を、遊びながら得ることができるように考えられています。

「あそトレ」でなぜ「学びの

2 学ぶ意欲を育む

あそトレは、学びを深めることで、より楽しくなります。そのため親子で「できた！」が増えると、「もっと楽しみたい」という気持ちがエネルギーになり、「もっと学びたい」という、学びへの意欲になっていきます。

3 毎日行う習慣がつく

あそトレはアレンジのバリエーションが豊富なので、さまざまな角度から、くり返しの学習に取り組めます。「つまらない」「めんどくさい」はずのくり返し学習を楽しく行い、毎日行う習慣づけにもなっていきます。

第一歩」を踏み出せるのか。

4 対人関係力がアップする

学びは人（社会）との関わりの中でこそ意味を持ちます。親子の関わりを深め、人との関わり方のトレーニングにもなるあそトレは、子どもの社会性を育て、学びをより有意義なものにする効果を持ちます。

落ち着いて勉強できない
一つのことに集中できず、他のことに興味がすぐに移る

勉強に自信をなくしている
自分は勉強ができないと思い込み、すぐにあきらめる

「あそトレ」が対象としてい

得意不得意の差が極端にある
極端に苦手なことがある一方で、得意なことでは専門的

計算、読み書きに苦手さがある
知的発達に遅れはないが計算や読み書きでつまづきがち

教わったことをすぐ忘れている

不注意で、人の話を聞いてもすぐに忘れてしまう

数を数えることが難しい

数をとばして数えたり、どこまで数えたかわからなくなる

るのは、こんな子どもたち。

自分の気持ちを伝えるのが苦手

社会性やコミュニケーションに困難さがある

相手の気持ちを理解するのが苦手

相手の気持ちを想像したり、状況を理解したりしにくい

もくじ

はじめに 〜「あそトレ」は子どもを育てる栄養。・・・・・・・・・・・・❷

「あそトレ」でなぜ「学びの第一歩」を踏み出せるのか。・・・・・・・・・・❹
「あそトレ」が対象としているのは、こんな子どもたち。・・・・・・・・・・❻
How To『あそトレ』・・・・・・・・・・・・・・・・・・・・・・・・・・❿

Part 1　ことばの力を伸ばすあそトレ

ことばの力とは？・・・・・・・・・・・・・・・・・・・・・・・・・・・・⓮
01. ことばメーカー（ひらがな／語彙力）・・・・・・・・・・・・・・・・・⓰
02. お母さんリモコン！（説明力）・・・・・・・・・・・・・・・・・・・・⓲
03. セリフを言ってみよう！（単語／文）・・・・・・・・・・・・・・・・・⓴
04. あなたのお名前なんてーの？（文字）・・・・・・・・・・・・・・・・・㉒
05. どの漢字がいい感じ？（漢字）・・・・・・・・・・・・・・・・・・・・㉔
06. スパイはどっちだ！（言語理解／指示に従う）・・・・・・・・・・・・・㉖
　　【Flos の現場から #01】子どもをときには困らせる。・・・・・・・・・㉘
　　【Flos の現場から #02】「苦手なこと」を、受け入れる。・・・・・・・㉚

Part 2　かずの力を伸ばすあそトレ

かずの力とは？・・・・・・・・・・・・・・・・・・・・・・・・・・・・・㉞
07. ぴったりちょうだい！（小さなかずの理解）・・・・・・・・・・・・・・㊱
08. おはじきバトル（数理解）・・・・・・・・・・・・・・・・・・・・・・㊳
09. 数字でパズル（かずの順序）・・・・・・・・・・・・・・・・・・・・・㊵
10.「め」のふしぎ！（集合数／順序数）・・・・・・・・・・・・・・・・・㊷
11.「合わせてガッチャン」「捨ててポイッ」（たし算とひき算）・・・・・・㊹
12. ブレスレットを作ろう（数字とかず／たし算）・・・・・・・・・・・・・㊻

13. ランダム計算王（計算）・・・・・・・・・・・・・・・・・・・・・・・・・・㊽
　　【Flosの現場から#03】ハイタッチが届いた！・・・・・・・・・・・㊿
　　【Flosの現場から#04】ほめることの「本当の」意味・・・・・・・㊾
　　【Flosの現場から#05】青い花まる・・・・・・・・・・・・・・・・・・・㊾
　　【Flosの現場から#06】雪国スクールでの発見と成長・・・・・・・㊾

大人が子どもの心に寄り添って共に育つために大切にしたいこと。・・・㊿
　　◎発達障害の基礎知識・・・・・・・・・・・・・・・・・・・・・・・・・・・㊿

Part 3　社会性を伸ばすあそトレ

社会性とは？・・・・・・・・・・・・・・・・・・・・・・・・・・・・・・・・・・・㊿
14. 絵本でクイズ（イメージ力）・・・・・・・・・・・・・・・・・・・・・・㊿
15. オモチャでドラマ（コミュニケーション）・・・・・・・・・・・・・・㊿
16. おばけをやっつけろ！（集中する）・・・・・・・・・・・・・・・・・・㊿
17. 花まる先生（責任感/自信を持たせる）・・・・・・・・・・・・・・・・㊿
18. 何が書いてあるのかな？（眼球運動/記憶力）・・・・・・・・・・・㊿
19. お母さんクイズ！（他者への関心）・・・・・・・・・・・・・・・・・・㊿
20. 何があったでしょうクイズ（感情理解/イメージ力）・・・・・・・㊿
21. ただいまおみくじ（コミュニケーション）・・・・・・・・・・・・・・㊿
22. ごほうびカードを手に入れろ！（記憶力）・・・・・・・・・・・・・・㊿
　　【Flosの現場から#07】子どもたちに育ててもらう・・・・・・・・㊿

おわりに　〜高濱正伸先生からお子様の発達に不安を持つ保護者の方々へ〜・・・・・・㊿

☆Flosってどんなところ？〜教室案内〜・・・・・・・・・・・・・・・・・㊿

9

How To 『あそトレ』

あそトレは、掲載順に行わなくても OK。子どものもっと伸ばしたいと思う能力や苦手なところを考えてトレーニングを楽しみましょう。

 ## トレーニングを選ぶ。

本書では各章でおおむね発達段階順にトレーニングを紹介していますが、必ずしも掲載順に取り組まなくても OK。子どもができたりできなかったりするくらいのトレーニングがちょうどいいでしょう。

> トレーニングはひよこ（幼児3〜5歳）にわとり（低学年6歳〜）に、レベル分けされています

 ## 道具を事前に用意する。

意欲が出てきたときにスムーズに始められるよう、必要な道具は事前に用意しておきましょう。また、見えるところに道具を置いておくと、子どもから「やりたい」と言ってくれるかもしれません。

 ## 最初は自然に始める。

席に着くことや姿勢を正すことをはじめは気にせず、まずは遊びのように気軽に始めてください。子どもがトレーニングの楽しさを十分に知ったら、上手にやるコツとして姿勢を正すことなどを教えましょう。

 ## ほめて認めてねぎらう。

少しでも取り組んだ、がんばった、できた。どんなに小さなことでも良い部分に目を向け、ことばにして子どもに伝えてあげてください。できることだけが評価基準にならないようにしましょう。

5 なるべく毎日取り組む。

あそトレは子どもが意欲と集中力を保てるように短時間で設定してあります。週に1日で長時間取り組むより、短時間でも毎日のように取り組む方がトレーニングとして有効です。

慣れてきたら

6 勉強として意味づける。

「○○の勉強しよう」と、あそトレを勉強として位置付けましょう。「勉強は楽しい」という気持ちを育てることができます。また、勉強をがんばったという誇らしい気持ちも育てられるでしょう。

いちばん大切なのは

7 何よりも楽しむ。

楽しいからこそ意欲的・主体的に取り組むことができて、トレーニングとしての効果が高まります。保護者の方も成果を焦らずに肩の力を抜いて、子どもとあそトレに取り組む時間を楽しんでください。

本書の見方

インデックス
全22種類のあそトレが掲載されています。掲載順にこだわらず、好きなあそトレから始めてOK。

ダウンロード教材つき！

［ダウンロード可能］と記載されているものは、Flosのホームページ（上記QRコード or 92頁参照）から教材をダウンロードできます。

実施時間の目安
トレーニングをするときに必要な時間の目安です。

レベル
ひよこマークは幼児。
にわとりマークは低学年～を目安にレベル分けされています。

アレンジいろいろ
アレンジをすることで、トレーニングの楽しみや、期待できる効果の幅が広がってきます。

Flosのこだわりポイントで、もっと楽しく！
子どもといっしょに楽しみながら、効果的にトレーニングを行うために、ふだんからFlosのスタッフが意識している具体的な声かけポイントを紹介しています。ぜひ、参考にしてみてください。

Part.1
ことばの力を伸ばすあそトレ

発達に不安がある子にとって
ことばの力とは？

あそトレでいう「ことばの力」は「書く力」「話す力」「読む力」「聞く力」の4つです。「ことばの力」がまだ身についてないお子さん、苦手なお子さんたちは、ここで紹介するあそトレを通じて、「ことば」に楽しく触れる機会を持つことから始めましょう。少しでも「できた！」「やれた！」と思う瞬間が増えればチャンスです。

ここでは、それぞれの力を育むために、特におすすめしたいトレーニングをご紹介していきます。

1.「書く力」につなげるトレーニング

「書く力」が弱いと鉛筆を持って細かく動かしたり、文字の形・文字のバランスを捉えることが難しく、鏡文字になったり、線が一本多くなったりします。発達に偏りがある子は書くことに対して苦手意識を持っていたり、書くことが好きであっても上手にできなかったりすることがあります。まず、文字に対する苦手意識を少なくし、文字に触れる機会を増やすことが大切です。

❖ 文字を覚え始めの子、覚えたとおりに文字が書けない子、覚えることが苦手な子 ➡ 01「ことばメーカー」

❖ 漢字の左右が逆になる、鏡文字になる、いつも同じ場所を書き間違えるなど、小学生以降で漢字の学習が定着していない子
➡ 05「どの漢字がいい感じ？」

2.「話す力」につなげるトレーニング

おしゃべりが大好きで、みんなと関わりたいのに、相手に伝えるために必要なことばが抜けたり、相手にわかりやすく伝えられないなくて、友だちに話しかけても上手く伝わらなくてうまくいかない…という子がいます。そんな「話す力」に不安がある子は、わかりやすく伝えることを以下のトレーニングで遊びながら学んでいきましょう。

❖ 状況を説明することが苦手、出来事をどう伝えたらいいのか困ってしまうという子 ➡ 02「お母さんリモコン！」

3.「読む力」につなげるトレーニング

文字をスムーズに読めない、まとまった単語で読むことが苦手、文字を読むことに興味が持てない、など、読むことに対して困っている子たちには、遊んでいるうちに文字を覚えちゃった！ 楽しく読めちゃった！というような感覚を持てるトレーニングがおすすめです。

❖ 単語や文をスムーズに読むことが苦手な子、文章に対して興味が持てない子 ➡ 03「セリフを言ってみよう！」

❖ 文字の量が多いと嫌になってしまう子、文字にあまり興味が持てない子 ➡ 04「あなたのお名前なんてーの？」

4.「聞く力」につなげるトレーニング

「聞く力」が弱いと、指示をされても内容を理解できず、指示通りに動けません。また話を聞いていない、言われた内容を理解することが苦手など、聞くことが苦手な子たちには、話を聞こう！ もっと聞きたい！ と、少しずつ意欲がわいてくるトレーニングがおすすめです。

❖ ことばの意味理解が苦手な子、文章理解が苦手な子、指示通りに動くことが苦手な子 ➡ 06「スパイはどっちだ！」

Part 1・ことばの力を伸ばすあそトレ

01 ことばメーカー

ひらがなカードを作成し、それを使って、
できるだけ早くことばを作っていくトレーニングです。

 15分

（手順）

1
Flosのホームページからダウンロードしたひらがなカード・空白カードを印刷し、切っておきます。

※見本を参考に、新たに作ってもOK

ひらがなカード ↓

2
　カードに字を書いて、いっしょにことばをつくるゲームをするよ

と、声をかけ、まずは保護者が5枚のひらがなカードを選びます。子どもはそれを見ながら、空白のカードに同じひらがなを書きます。

※ひらがなを書く練習になります。一人で書くのが難しい場合は、なぞり書きできるようにしましょう！
※ひらがなカードは単語が作れるものを想定して選びましょう。

ここが Flosメソッド！

- 子どもが書くことを苦手としている場合には、保護者向けのひらがなカードを使って、一緒にことば作りをして遊ぶことから始めましょう。
- 子ども一人でのことば作りが難しい場合には、「2枚でできるよ」「"あ"から始まることばができるよ」「果物の名前だよ」など、ヒントを出しましょう。

用意するもの

- ひらがなカード（50音）[ダウンロード可能]
- 空白カード（50音分）[ダウンロード可能]
- ペン
- はさみ

トレーニングのねらい

- 語彙を増やす

3 保護者と子どもがひらがなカードをそれぞれ持ち、お互いに相手に見えないようにして、持っているカードの中からことば（単語）を作って並べていきます。

4 並べられたら、「できた！」と宣言し、早くできた方の勝ちです。

※できたときの声かけは子どもと決めたり、音の鳴るものを用意したりすると、より楽しく行えます。

ア・レ・ン・ジ

★ 子どもに合わせて、単語の文字数が多い方を高ポイントにしたり、限定したカテゴリーでことばを作れたらポイントアップしたりするなどの工夫ができます。

★ 手持ちのカードの枚数を多くして行うと難易度が上がります。

★ 手作りのひらがなカードがたまってきたら、何回戦勝負かを決めて行ってもいいでしょう。

Part 1・ことばの力を伸ばすあそトレ

02 お母さんリモコン！

子どもが保護者に指示を出して、離れたところにあるペットボトルを取りに行かせるトレーニングです。

🕐 5分〜10分

手順

1 ペットボトルを部屋の端に置きます。

※子どもが、ペットボトルを自分で取りにいってしまうことが考えられる場合は、子どもの手が届かない高いところなどに置きましょう。

2 ペットボトルから少し離れたところに行き

> これからお母さん（お父さん）が、ロボットになるよ。あのペットボトルは、お母さん（お父さん）ロボットのエネルギーだよ。お母さん（お父さん）ロボットがエネルギーのところに行けるように、ことばで教えてね

と、伝えます。

※子どもが、動いて見本を見せた場合には、「お母さん（お父さん）ロボットは目が悪いので見えません」と答えて、動かないようにしましょう。

ここが Flos メソッド！

- 子どもが指示を上手にできない場合には、「お母さんロボット前に3歩進みます。それから左に2歩進みます」などと、道順を説明するお手本を見せます。
- お手本を見せてもできない場合には、保護者から『右ですか？左ですか？』などと、聞いてあげましょう。

用意するもの

- 中身の入った ペットボトル

トレーニングのねらい

- 説明する力を伸ばす

3

保護者は、子どものことばに従って動きます。

4

ペットボトルを取ることができたら

「エネルギーを補充したら、人間に戻ったよ」

と言って終わりましょう。

ア・レ・ン・ジ

★ ペットボトルを複数用意し、「時間内にすべてを回収できるか」、あるいは「時間内にいくつ回収できるか」を、過去の自分の記録と競わせることもできます。

★ 保護者と子どもが入れかわって行うと、指示を理解する力につながります。

Part 1・ことばの力を伸ばすあそトレ

03 セリフを言ってみよう！

保護者と子どもがキャラクターになりきって文章を読むトレーニングです。

🕐 5分〜10分

【手順】

1
Flosホームページからダウンロードしたセリフプリントの中から1枚選び、子どもの好きなシールやイラストをセリフの横に貼るか書きます。

セリフプリント ⬇

2
最初にどんなことばが出てくるか確認するよ

と伝え、ダウンロードしたセリフプリントの☆しっていることば☆欄を見ながら、書いてあることばを保護者に続いて子どもが復唱します。

※リズムよく、元気な声で読みましょう。また、目で追いにくい子は指で示しながら1つずつの単語を印象づけましょう。

☆しっていることば☆
・おなか
・力
・今日
・元気
・朝ごはん
・ねぼう
・家
・5分

ここがFlosメソッド！

● 文章を読むことに抵抗がある場合は、しっていることばがセリフプリントにあるか探してみることから始めましょう。

● キャラクターになりきって、親子で楽しく読みましょう。

用意するもの

- セリフプリント［ダウンロード可能］
- シール（子どもが好きなもの）or イラスト

トレーニングのねらい

- 単語のかたまりで文が読めるようになる

3

> じゃあいよいよキャラクターになりきってセリフを読んでみよう！

と伝え、お互いの配役を決めて交代で読みます。

※単語のかたまりが意識しきれていない場合は、単語に丸を付けてあげましょう。

4

読み終わったら、しっていることばの一覧表に戻り

> 『〇〇〇』はセリフのどこにあったかな？指でさしてみよう。せーの！ドン！

と言って、それぞれの単語がどこにあったかを聞きます。

ア・レ・ン・ジ

★ 読む前に「このことばは速く読むよ」などと伝えておき、速く読めた単語に花まるをし、「いいスピードで読めたね」と声をかけてあげるのもオススメ。

★ 助詞の理解を深めたい場合は、単語とは別の色で丸をつけましょう。

Part 1・ことばの力を伸ばすあそトレ

04 あなたのお名前なんてーの？

新聞紙の中で使われている文字の中から、
自分の名前の文字をできるだけ早く選んで印をつけるトレーニングです。

 5分

（手順）

1 新聞紙を用意し、子どもの目の前に置きます。

2 子どもに好きな色のペンを選んでもらいます。
※好きな色を使うことで楽しく取り組めます。クレヨンや色えんぴつを使ってもOKです。

2 子どもに

このページの中から自分の名前に使われている字を探そう！何秒で見つけられるかな？見つけられたら丸をつけてね。

と伝えます。
※名前の文字は漢字・ひらがな・カタカナどれでもOKです。

ここが Flosメソッド！

- 文字量が多いことにより、モチベーションが低くなる場合は、単語がある部分を囲んで、探す範囲をせまくしてあげましょう。
- 探すことに時間がかかる場合は「右上にあるよ」など、ことばでヒントを伝えながら行いましょう。
- 小さい文字だと探しにくいときは、大きめの文字から選ぶように伝えてもOK。

 用意するもの

- 新聞紙（雑誌・本でも可）
- 色ペン（クレヨン、色鉛筆でも可）
- はさみ、のり

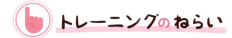 トレーニングのねらい

- 文字に触れる
- 新聞を身近に感じる

3

スタート！

でタイムを計り、子どもが見つけ終わったらそのタイムを伝えます。

※タイムを測定し、継続して行うことで前回と比較できます。

4

丸をつけた文字を、切り抜いて貼り付けてみます。

怪文書みたい！?

しんきろく こうしんです

ア・レ・ン・ジ

★ お母さんやお父さんの名前、学校の名前など、見つけることばを変えると、たくさん遊べます。
★ 見つけることばを決めずに、単語や文章を作ってみることもできます。

Part1・ことばの力を伸ばすあそトレ

どの漢字がいい感じ？

正しい漢字と間違った漢字を見比べさせて、どちらが正しいのかを当てるトレーニングです。

 5分

【手順】

1 紙を左右に2分割し、真ん中に線を引きます

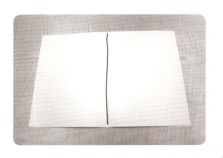

2 右と左それぞれの欄に、正しい漢字と少し間違っている漢字を書いておきます。

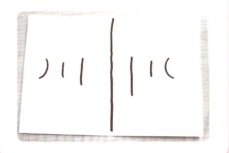

ここがFlosメソッド！

- 間違えてしまったときは正解を伝え、正しい漢字の方に、子どもが間違えた部分と同じ箇所に、赤丸をつけてもらいましょう。間違えた部分を意識することで、より正しい漢字を覚えることにつながります。
- 1日にいくつ実施するか、何ポイント制にするかを決めておくと、より意欲的に進められるでしょう。
- そのときに学校で学習している漢字を使って行うと、漢字テストの対策にもなります。

用意するもの
- 紙（B5やA4）
- ペン

- 漢字と触れ合う機会を作る
- 漢字の定着

3

「どの漢字がいい感じ？」

と言いながら2つの文字を見せ、正しい漢字を

「この漢字！」

と言って選んでもらいます。

※子どもが間違えやすい漢字を書くポイントは、一画多い、一画少ない、へんとつくりが逆、鏡文字など。

ア・レ・ン・ジ

★ 漢字ではなく、ひらがなやカタカナでもできます。また、慣れてきたら熟語や四字熟語、ことわざ、慣用句などにすることで、多くの漢字に触れることができます。

★ 子どもによっては、間違っている漢字だけを書いておき、その横に正しい漢字を書かせてもよいでしょう。

★ 正解数をポイントとしてためたり、一度に何問にチャレンジするか決めたりすることで、よりゲーム性が出て楽しめます。

Part 1・ことばの力を伸ばすあそトレ

06 スパイはどっちだ！

保護者と子どもがスパイごっこをしながら、相手に指令をだしていくトレーニングです。

 10分

手順

1 幹部役とスパイ役に分かれます。
※慣れるまでは親が幹部役で子どもがスパイ役として始めましょう。

2 幹部役は指でピストルの形を作りながらセリフを言います。

「お前がスパイだな。スパイでないならこれができるはずだ！」

3 幹部役が口頭でスパイ役に指示を出します。

指示カード ↓

「ジャンプをしろ！」

※指示のセリフは内容が伝わればアレンジOK

ここが Flosメソッド！

- 役になりきることが大切です。
- まずは1回につき、1つの指示から始めましょう。
- 子どもが無理な指示をした場合、代替する指示に言い換えてあげましょう。
  例：「それは無理だが、〜ならできるぞ！」
- 指示が一度で伝わらなかった場合、子どもが間違った行動をした場合は、次に行う時には指示を明確にしたり、指さし・ジェスチャーをすることでフォローしましょう。

用意するもの

- 指示カード［ダウンロード可能］
- タイマー（必要に応じて）

トレーニングのねらい

- ことばと文章の理解を深める
- 指示を聞き取り、それを行動に移せるようになる

❹

スパイ役が指示通りの行動を取れたら

> 疑って悪かった

とピストルの形にした手を下ろします。

指示通りの行動を取れなかったら

> やっぱりスパイだったか！

と言い、「バン！」とピストルをうつ真似をします。

❺

スパイ役が失敗したら❶からやり直します。
スパイ役が成功したら

> 待て、お前こそスパイじゃないのか

と役割を交代して❸以降をくり返します。

❻

成功が適度な回数で連続したら、幹部役が

> どうやらお互いにスパイじゃないことがわかったようだな

と活動の終了を宣言します。

※成功が適度な回数で連続しない場合、どちらかのスパイが失敗したところで終了することも可能です。

ア・レ・ン・ジ

★ 幹部役／スパイ役を決めるためのカードを用意しておくとよりゲーム性が出ます。❸の際、事前に指示カードを用意しておき、カードを引いて目を通し、スパイ役に渡すことも可能（文章の読解力につながります）。

★ 指示を理解するまでの時間にねらいをおきたい場合は、タイマーを起動させ「○分以内に」など時間を伝えましょう。

Flos の現場から　# 01

子どもをときには困らせる。

　Flos で出会った小学校低学年の男の子 A 君。他者や外の世界への興味・関心が薄く、相手に何かを説明したり、話したりする様子はほとんど見られません。また、授業中でも、何か欲しいものや、やりたいことがある時は衝動的にやり始めてしまう子でした。

　そんな A 君は、嫌なことや自分の思う通りにいかないことがあったときは、赤ん坊のように泣きわめくか、はたまた、貝のようにじっと縮こまり、嫌なものや場面が取り去られるのを待つという方法をとります。A 君が望んでその方法をとっている、というよりはその方法しか知らなかったのでしょう。

　さて、A 君がそうなってしまうと、周囲の大人たちはどう対応するか頭を悩ませます。折れて彼の言う通りにするか、怒鳴って無理矢理言うことをきかせるか。しかし、どちらの手段をとったとしても、結局 A 君は同じこと（彼にとっては同じことではないかもしれませんが）をくり返すので、皆終わりが見えず、消耗し、困り果ててしまいました。

　そこで、Flos でとった方法は「彼を困らせる」ことでした。A 君の望み通りの展開になっているかどうかはわかりませんが、見ている限りでは、彼は困っていないな、と思えたからです。「嫌なことはなんとなく過ぎ去っていくもの」とでも思っていたのでしょう。

　「泣きわめいても貝のようになってもいいよ、そのかわり何が嫌なのか、どうしたいのかを言葉で言うんだよ。そうしないと先生はどうしたら良いかわからないよ。」と伝え、彼に言語的な説明をするよう求めたのです。A 君にとっては、最初の難所です。

　ここからは時間が許す限りの我慢比べです。どのくらいかかるかなと待っていたのですが、数週間で変化がみえてきました。泣いたり机に顔をふせたりしながら、ちらちらと私の様子を窺うようになったのです。自分の思いや世界の

みで生活していた彼が、目の前の私という存在を気にするようになった瞬間です。
「僕を困らせておきながら何もしてくれないこの人はなんなんだろう?」……そんな感じでしょうか。
　私はＡ君と目があったときにはじっと見て、ときには「何が嫌なのか教えて」などと端的な言葉で「どうしたら良いのか」を伝え続けました。
　さらに1、2ヶ月経ったときにまた変化が見られました。
　泣いたり机に顔をふせたりしながらも、「こんなことがあった」「嫌だった」「こうしたかった」と少しずつ話してくれるようになったのです。それ以降、ほどなくして彼は自分の気持ちを言葉で伝えると大人が味方になってくれたり、要求通りにしてくれたりする、怒られないということを理解し、両親や担任の先生などに積極的に自分の話をするようにもなりました。大きな変化です。
「宿題やりなさい」
「今テレビ見てるから、後でやる」
「昨日もそう言って遅くなったんだから、今やりなさい!」
「えー……わかったよ。じゃあ明日はテレビ見ていい?」
「子どもあるある」としてありがちな場面ですが、子どもがこんなやりとりができるようになるまでにはクリアしなければならない難所がたくさんあります。文句ばかり言っているように見えても、「こうしたい」と言語化できることは、実はこちらが思う以上に、力の必要なことなのです。

　次のＡ君の難所は、「こうしたい」と言っても受け入れてもらえない時にどうするか。乗り越えられるよう、関わっていきたいと思います。

Flos の現場から ＃02

「苦手なこと」を、受け入れる。

　当時小学校６年生だったＢ君。Flos 歴はそれなりに長く、担当をするようになって３年が経っていました。Ｂ君は、文章を書いたり、計算したりするということが苦手で、わからなくなってしまうと手が止まり、黙ってしまうタイプ。そのぶん、言われたことに黙々と取り組めたので、取り組むほどに成長につながっていました。学習面では苦手なこともありましたが、息抜きにする彼の冗談はユーモアいっぱい。人を笑わせるセンスに長けていました。

　中学生になり、ユーモアさはそのままでしたが、学習面では変化が起こるようになりました。自分の思うようにできないことが何度もあり、頭を抱えて悔しがる場面が増えました。「自分なんて……」ということが口癖になり、失敗するたびにその言葉が出てくるようになったのです。もちろん、Flos は学習に取り組む場所なので、できていないことにも挑戦していきます。Ｂ君もそれはわかっており、自分のできていない部分を理解しているからこそ、苦しんでいる様子でした。「やりたいのに、できない」。そんな思いを抱えていたのかもしれません。

　Ｂ君に対して何ができるのか、さまざまなことを考えた結果、Flos スタッフがたどり着いたのは、「間違ってもいいよ。間違ったあとに直して、正しい答えにたどり着けたらそれでいいんだよ」ということを、間違えるたびに言い続けるということでした。なぜなら、彼は自分の結果に注目をしていて、過程には注目をしていなかったように思えたからでした。うまくいかないという苦しい感情があるからこそ見えなくなっていたのだと思います。それからというもの、彼が間違え、頭を抱えるたびに、そのことばをかけ続けました。言い方を変えながらも、同じようなことばをくり返し伝えていきました。

　変化が見られるようになったのは実に１年以上経ってからでした。間違った

際に、B君が自分から「直せばいいよね」と言うようになったのです。このことばが言えるようになってから、次第に彼が頭を抱える仕草をすることも減ってきました。

　そんな中、指導で物語文に触れる機会がありました。その物語の内容は、主人公が自分の苦手さを受け入れられずに、葛藤をするという話でした。意図していたわけではありませんでしたが、たまたま以前の彼の状態にリンクしていたのです。彼は、物語を一通り読み、記事に視線を落としたままポツリと言いました。
「苦手なことは誰でもあるよ。受け入れないとダメだよ」と。
　そのことばを聞いた瞬間、彼が一つ壁を乗り越えたのだということがはっきりとわかりました。「すごい！！いいこと言うね！」と思わず、大きい声で言ってしまい、彼とのテンションの差に、変な空気になったことを覚えています。
　自分を受け入れることはそんなに簡単なことではありません。自分のいいところも、よくないところも、好きなところも、嫌いなところも、全てと向き合わなくてはならないからです。彼がどこまで自分と向き合ったのかは定かではありませんが、少なからず葛藤をし、悩み続けていたことは間違いありません。その後も彼は人間関係などで、時折葛藤する場面がありました。しかし、一度大きな壁を乗り越えているので、最終的には「まぁ、仕方ないけどね」と、相手のことも受け入れられる大きな心を持てるようになっていました。
　これからB君が大人に近づくにつれて、また壁にぶつかることもあるでしょう。しかし、一度自分と向き合い、受け入れることができた彼は、今後もさまざまな壁を乗り越えていけることでしょう。

家では上手くできるのに、外出先、学校などではできない

→環境が変わると、できることもできなくなるというのはよくあることです。1つのトレーニングができるようになったら、他の場所や環境でもできるように「昨日家でやったのと同じだよ」「学校でも同じようにできそうだね」などと、環境の変化に対応できるイメージが持てる声かけを、粘り強くしていきましょう。

Part. **2**

かずの力を伸ばすあそトレ

発達に不安がある子にとって
かずの力とは？

あそトレでは「かずの力」として、たす・ひく・かける・わるなどの計算をする手前の段階にも焦点を当てています。

というのも発達に偏りがある子の中には、計算をする手前のところでつまづいているために、その後、計算力を身につけられずにいるケースが多いのです。

たとえば、物の個数などの「かず」そのものを理解すること、数字の順番を表す順序数を理解する力、「かず」の大きさを表す集合数を理解する力、数字そのものと物の個数を一致させる力などについて、しっかりとした理解がなければ計算力が身につく状態にはならないのです。

計算の手前のどこかでつまづいているのなら、そのつまづきにとことん、時間をかけて、向き合うことが大切です。

おはじき・ビーズ・トランプなどを使いながら、あそトレで楽しくトレーニングしていきましょう。

1.「かず」そのものを理解するための トレーニング

かずを理解するには「数え上げ体験」が必要です。あそトレで、モノを数える経験を楽しくつんでいきましょう。

❖ 1個、2個などの小さいかずの理解ができていない子、かずを数え間違える子
➡ 07「ぴったりちょうだい！」　08「おはじきバトル」

❖ 数字の順番を間違えやすい子、かずの大きさの理解が苦手な子
➡ 09「数字でパズル」　10「めのふしぎ！」

❖ 数字とかずとを一致させるのが苦手な子、数字は読めるけど実際のかずがわからない子　➡ 12「ブレスレットをつくろう」

❖ かずの理解はできているけど計算力がまだ身についていない子
➡ 11「合わせてガッチャン/捨ててポイッ」

2.「計算力を身につける」ことにつなげる トレーニング

計算力を身につけるには、ゲームをしながら計算の経験を増やしていくトレーニングが効果的です

❖ 基本的な計算力は身につき始めているものの、計算ミスが目立ったり、たし算・ひき算・かけ算・わり算とステップアップしていくなかで特定の計算が定着していない子　➡ 13「ランダム計算王」

Part 2・かずの力を伸ばすあそトレ

07 ぴったりちょうだい！

パペットを使い、指定したかずのおはじきを
子どもに数えさせるトレーニングです。

🕐 3分〜5分

手順

1 おはじきを子どもに見せ、パペットのごはんだと説明します。

※子どもがおはじきを嫌がるようであれば、別のもので代用してもOK。

> このおはじきはぶたさん（パペット）のごはんなんだ。ちょうだいと言われたかずをぶたさんにあげようね。

2 おはじきを何個か子どもの前に置いたら、パペットを見せながら

> 1個ちょうだい

と伝えます。

ここが Flosメソッド！

● 「できた！」という経験をつみ上げるために、まずは小さいかずから始め、徐々に増やしていきましょう。

● パペットになりきり、セリフと動作を明確に示すことで、子どもたちもトレーニングに乗り気になります。

用意するもの

- パペット（パペットがなければ、ぬいぐるみとお皿で代用）
- おはじき

トレーニングのねらい

- かずの理解を促す

3

パペットの口を開き、おはじきをパペットの口に入れてもらいます。

※取り組み方がわかっていないようであれば、保護者が1人2役で取り組み方のモデルを一度見せてあげましょう。

4

パペットが食べる演技をし、おはじきが❷で伝えた数と異なる場合と正しい場合で、次のように動作を変えましょう。

■ **多いとき→** 「多すぎるよ」
おはじきをその場に出す。

■ **少ないとき→** 「たりないよ」
パペットの口を開けます。
（子どもにいくつパペットの口のなかにあるか確認してもらいましょう）

■ **正しいとき→** 「ありがとう」
お礼を言う。

ア・レ・ン・ジ

★ ❹までがスムーズにできるようであれば、提示するおはじきの数と指定するおはじきの数を変えたり、おはじきの色や提示するものの種類を変えたりしましょう。

★ ぬいぐるみで代用する場合はお皿におはじきを入れて、食べるふりをしてもOK。

Part 2・かずの力を伸ばすあそトレ

08 おはじきバトル

箱の中のおはじきをとり、
10個になるように調整していくトレーニングです。

 10分

（手順）

1 おはじきが1個の箱を4つ、2個の箱を4つ、3個の箱を4つ用意します。

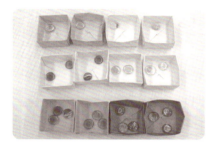

2 全ての箱を見せ、全部の箱にはおはじきが入っていることを伝え、箱にふたをしてから遊び始めます。

3 おはじきが全部で10個になった方の勝ちだよ。順番に箱をえらんで、おはじきの数が合わせて10個になったら、『ガッチャ！』と言って教えてね。先に『ガッチャ！』と言った方が勝ちだよ。

と伝え、ルールの説明をします。

ここがFlosメソッド！

● 「あといくつで10かな？」などのセリフを途中で入れることで、子どもは何度も数えて確認する機会が得られます。また、10のまとまりをつくる数の組み合わせに気づくことができます。

用意するもの

- おはじき（30個程度）
- 小箱（12個）
  （中身が見えなくなるものであれば、袋やガチャガチャのケースなどで代用可能）
  （子どもといっしょに折り紙で折るのもオススメ）

トレーニングのねらい

- かずへの理解を深めて計算力につなげる

4 子どもと保護者が1つずつ交互に箱を選び取り、中身のおはじきを確認していきます。

※箱の中で数えていくことが難しいようであれば、並べられるようなお皿を用意しましょう。

5 10個よりも多くなってしまった場合は、「パス！」と言ってその箱を返し、次の人が箱を取ります。

6 どちらかが「ガッチャ！」と言ったら、おはじきの数をかぞえて確認をします。

ア・レ・ン・ジ

★ 「ガッチャ！」になる数を、10ではなく、カードで引いて決めたりすると、よりゲーム性が高くなります。

Part 2・かずの力を伸ばすあそトレ

09 数字でパズル

好きな絵や写真を使ってパズルを作り、
裏面の数字を頼りにパズルを完成させるトレーニングです。

 5分〜

（手順）

1 絵や写真の裏側に、1〜10までの数字を、横並びに順番に書いていきます。

2 書いた数字1つを1ピースとして縦に切って、ばらばらにします。

ここが Flos メソッド！

- 子どもがやり方を理解していないようであれば、大人もいっしょに行って、わざと間違えます。大人がわざと間違えることで、数字面を見て「2の次に5が入っちゃってる。2の次は3だね。間違えちゃった」などと確認することもできます。
- 裏側を絵ではなく「今日のおやつはプリンです」などのメッセージにして、完成させることへのモチベーションをあげることもできます。

用意するもの
- お子さんが好きなものの絵や写真（A4）
- ペン
- セロハンテープ

 トレーニングのねらい

- 数字の順序が理解できるようになる

3 子どもの前に、数字面を表にしたピースをばらばらに並べて

「ちょっと変なパズルやってみよう。この数字を見て、順番通りにくっつけていこう」

と言います。

4 1セットくっつけたら、セロハンテープで貼っていき、ばらばらにならないようにします。

5 最後までできたら、

「全部くっついたね！ じゃあひっくり返してみよう！」

と言って、表の絵を見せて何の絵だったかなどを話しましょう。

ア・レ・ン・ジ

★ 子どもの理解度によって、数字を増やし、横並びではなく、2段にして書いても良いでしょう。

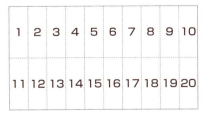

★ 大人もいっしょに行い、二人で競争してもいいでしょう。

★ ピースを増やして行ってもOK。

10 「め」のふしぎ！

「○こ」「○こめ」のことばに合わせて、時間内にあめを取ることができるかに挑戦するトレーニングです。

 8分

（手順） ※子どもと同じ向きで行います。

1
保護者が5つあめを並べたら、

「3個もーらい！」

と言って、3個分のあめを取ります。

2
また5つあめを並べ、

「3個め、もーらい！」

と言って、指で左から3個数え、3個めだけを取ります。

3
FlosのホームページからダウンロードしてHootいた「○こ」「○こめ」のことばカードを見せて、下記のように伝えましょう。

> め、がつくだけで、意味がちがうね。不思議だよね。今から、めがついているかついていないか、カードをよく見てそのかずのあめを3秒数えるうちに取ってね

ことばカード ↓

ここが Flos メソッド！

- あめのかずは、子どもの理解度や集中力、記憶力などを考えて適宜変更しましょう。
- ことばの違いに気づきにくい子の場合は、ことばカードの「○こめ」の「め」だけ赤く○をつけたりして、強調して読み聞かせましょう。

用意するもの

- 子どもの興味があるもの（あめ、おはじき、鉛筆など同じ種類のもの）
- 「〇こ」、「〇こめ」と書かれたことばカード［ダウンロード可能］

トレーニングのねらい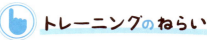

- 集合数（かずの大きさ）と順序数（順番を表したかず）の違いを知る
- ことばの違いに注目する

4 ことばカードを裏にしてランダムに重ねておき、子どもの前に5つあめを並べます。

5 子どもがカードを表にしたら、「3・2・1」とカウントします。時間内にあめを取ることができたら、ハイタッチをして正解と伝えます。

※子どもの理解があいまいな場合は、見本と本番を交互に行ったり、子どもの手を取ったりして補助しながら行いましょう。

6 間違えた時は、ことばカードを見せながら、正しい動作をいっしょに行います。

7 保護者と交代し、子どもにあめを並べてもらい、3秒のカウントをしてもらいながら、いっしょに楽しみましょう。

ア・レ・ン・ジ

★「右（左）から〇こ」ということばを入れると、左右の理解につながります。
★3秒で難しいようであれば、5秒など長くしましょう。
★カードを使わずに、ことばでの指示だけにして、聞く力を鍛えることもできます。

Part 2・かずの力を伸ばすあそトレ

11 「合わせてガッチャン」「捨ててポイッ」

おはじきを使って、計算の土台となる
たし算ひき算の概念を、目で見て理解するトレーニングです。

 10分

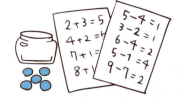

（手順）

1

計算プリントと、必要な
かずのおはじき、入れ
物を机の上に出してお
き、保護者が

①は何算？

と式の記号部分を指さ
しながら確認をし、子
どもに口頭で答えさせ
ます。

※おはじきではなく、別のもので代用してもOK。

ここが Flos メソッド！

● 子どもの気分を乗せたり印象づけたりするために、「ガッチャン」「ポイ」という擬音部分は大げさに言いましょう。

● はじめから多くの問題数を解くのではなく、子どもが楽しめているところまででやめましょう。

ア・レ・ン・ジ

★わかるようになってきたら、"ガッチャン／ポイッ"の言葉を変えていきましょう。
　たし算：「合わせて」「まとめて」「たして」
　ひき算：「のこりは」「ひいて」

★文章題のプリントでも、同じように練習することで「たす・ひく」の理解につながります。

 用意するもの

- おはじき、ボールなど
- たし算かひき算の式が書かれた計算プリント（学校で使用する計算ドリルなど）
- おはじきを捨てる入れ物（小箱、小皿でも可）

 トレーニングのねらい

- たし算とひき算の理解を促す

2

たし算「2＋3」の場合…保護者が左右の手に2個と3個のおはじきを持ち、両手を合わせる動作を行います。そして、手のひらにあるかずを見せ、「2たす3は？」と口頭で確認し、そのかずをプリントに書かせます。

> たし算は合わせてガッチャン、だね

ひき算「3－2」の場合…保護者が3個手のひらにのせておき、2個を入れ物に捨てる動作を行います。手のひらにあるかずを見せ、「3ひく2は？」と口頭で確認し、そのかずをプリントに書かせます。

> ひき算は、捨ててポイッ、だね

3

> 今度は××ちゃんが、ガッチャンとポイをやってみて

と伝えて、子どもに❷の動作をやらせながらすすめます。

Part 2・かずの力を伸ばすあそトレ

12 ブレスレットを作ろう

ビーズのかずをたし算して、正解できたらビーズをひもに通して
ブレスレットを作っていくトレーニングです。

🕐 5分〜10分

（手順）

1 紙皿を2つ用意して、中に数字を書いたふせんを貼り、書かれた数字と同じ個数のビーズを入れます。

※ビーズは子どもに入れさせることで、数字とかずを一致させる練習になります。

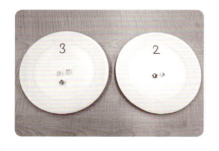

2 ビーズの数を見て

「合わせるといくつ？」

と質問します。

3 答えられたらそのビーズをひもに通していきます。

※答えられない場合はビーズを数えさせましょう。

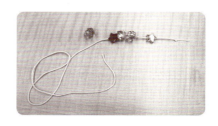

ここが Flos メソッド！

● 数え上げが目的ですが、子どもはブレスレットを作ることも楽しめます。
● 幼児には、物を合わせると長くなるというイメージをもたせると、たし算の概念が感覚的に理解しやすくなります。

用意するもの

- ビーズ
- ひも
- 数字の書かれたふせん
- 紙皿

トレーニングのねらい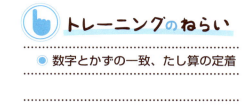

- 数字とかずの一致、たし算の定着

4
ビーズが子どもの腕に通る長さになるまで、何問かくり返して長くしていきます。

5
ひもの両端を結んでブレスレットを完成させましょう。

ア・レ・ン・ジ

★ 低学年はたし算をくり返し、ネックレスなど長いものを作ることを目標にしてもよいでしょう。

★ 問題を出し合って、お互いに相手のブレスレットを作り合っても楽しめます。

Part 2・かずの力を伸ばすあそトレ

13 ランダム計算王

引いたトランプの数字で、たし算などの計算をしていくトレーニングです。

 5分

(手順)

1
1〜9のトランプをよく切って裏向きの山フダにします。

2
保護者は山フダからカードを1枚めくり、表にして、数字が見えるように置き

> このカードと次のカードを足した答えを早く言おう

と伝えます。

ここがFlosメソッド！

- 毎日行うのであれば、タイムを計り、前回との比較でレベルアップを楽しめるようにしましょう。（タイムが下がったからといって注意しないように気をつけて！）
- トランプの枚数が多いと感じる子には、枚数を少なくして取り組ませましょう。

用意するもの
- トランプ

トレーニングのねらい
- たし算、かけ算の正確性とスピードアップ
- わり算の商のあたりをつける

3
スタート！

のかけ声で、保護者もしくは子どもが山フダからカードを1枚とり、❷で置いたカードの上に表にして重ねます。

4
子どもは置いてあったカードと、めくったカードをたしてすばやく答えます。
カードの山がなくなるまでくり返します。

※答えられない場合は、置いてあったカードとめくったカードが見えるようにして確認しましょう。

ア・レ・ン・ジ

★ 幼児にはA（エース）が1のことであることを伝えておきましょう。たすことが難しい場合は1～3までの数に制限したり、出てきた数字を言うだけにしてもOKです。

★ 低学年は、たし算だけでなく九九も行うとよいでしょう。

★ 高学年は、2組のトランプを混ぜたり、13までのすべてのカードを使ったりすると難易度が調節できます。ジョーカーが出たら、たし算からひき算にかえるなどするとゲーム性が高まり、楽しみながら計算力が身につきます。

Flos の現場から　# 03

ハイタッチが届いた！

　　小集団指導コースの最中、4年生男子2名と講師2名がチームに分かれて対戦するゲームを行うことにしました。これまでは個々での勝負しかしてこなかったのですが、2人の様子を見て、協力して目的に向かっていくことも可能だと判断し、初めてチーム戦を行うことにしたのです。チームを組むことで相手への伝え方や自分の考えが相手と違った時にどう折り合いをつけていくかを学べます。Cくんは論理的な思考がやや苦手で、自分の行動や言動をコントロールすることが難しい子です。CくんはDくんを頼り、同年齢ながら慕う言動が見られていました。一方、Dくんも頼りにされることは悪い気はしないようです。以前はCくんが気持ちを整理できずにゲームが進まないと、いらだちをあらわにしてしまうこともありましたが、徐々に優しくわかりやすく接することができるようになってきました。今回遊んでいる時も、次の手で迷っているCくんに作戦を耳打ちする場面が何度か見られ、CくんもDくんもとても主体的かつ意欲的に大人との対戦ゲームを行うことができていました。

　　夢中になってゲームに取り組んでいる最中、Cくんは作戦が上手くいくと、「やった！」と言い、手をかざしました。Dくんと喜びを分かち合うために、ハイタッチをしようとしたのです。しかし、横にいるDくんは次の自分の一手を考えることに必死で見えていません。集中して視野が狭くなっているため、横から差し出された手には気づけないようでした。また、Cくんが喜ぶとハイタッチをするという考えがDくんにはなかったのでしょう。Cくんはしばらくの間、手を出したままDくんを覗き込むようにしていましたが、タッチしてもらえないままのその手を静かに引きました。

　　ハイタッチひとつとっても、お互いの気持ちが合わなければうまくいかないのです。Cくんが「今だ！」と思ったタイミングがDくんのその時の心境と合っ

ていないこと、相手から見た自分がどう見えるかという捉え方の課題が明らかになった場面でした。

　何気なく生活している中でも、私たちはさまざまな方法でコミュニケーションをとっています。お互いが他者をどう見るか、自分が他者にどう見えているかが想像できないと、うまくいかないことは多分にあります。

　指導の場面では、スタッフがそのときどきで子どもたちに気づきを与え、適切な方法を伝えたり、一緒に考えたりすることで、彼らの学びにつなげています。人との関わりの中で成功体験を積むことが彼らにとって今後の適切なコミュニケーションの糧になります。そういった場面にたくさん出会えるのがこの小集団指導の現場です。

　さてこの2人ですが、それから数か月後のこと、Cくんがゲーム中に負けることがわかり不安定になっていたところで、Dくんが「Cくん、この前はこのゲーム、すごく得意だったよね！」と、フォローの一言を入れてくれたおかげで、お互いに最後まで気持ちよくゲームができました。少しずつ、相手のことを考え、お互いが楽しむための言動ができるようになりました。そしてさらに半年後、CくんとDくんがお互いに協力して対戦しているゲームで、Cくんがうまくいった時、まずは私が手を出し、目と目を見てCくんとハイタッチしました。その後、Cくんから手が伸びたのはもちろんDくんに対してです。ハイタッチにしては低めで見えにくい手の角度で、声かけもなかったのですが、Dくんはその流れに気づき、ついにハイタッチすることができました。なかなか上手くコミュニケーションが取れなかった彼らが、お互いの様子やタイミングを見て判断し、上手くコミュニケーションがとれるようになったことがわかるハイタッチの瞬間でした。

Flos の現場から #04

ほめることの「本当の」意味

　最近よく、"子どもはほめて伸ばしましょう"ということばを聞きます。しかし、ペアレント・トレーニングなどで保護者の方からお話を伺うと、「うちの子はほめるところがないんです」、「結局怒ってしまいます」、「どうほめたらいいかわからないです」という声が多く聞かれるのもまた事実です。

　先日、Flosで行っているペアレント・トレーニングに参加した小学2年生の男の子を持つお母さん。困り果てて、すがる思いで申し込んだそうです。男の子は学校でも家でも活動的で、自分の興味や関心に左右されて、今自分がやるべきことに取り組みにくいという特徴がありました。たとえば学校では校庭の花壇にいたアリのことを思い出すと、授業中でも急に走って教室から飛び出して行ったり、家ではお風呂の時間が過ぎて、寝る時間になっても宿題を終わらせるまで動かなかったりといった具合です。こんな状況が小学校入学から1年以上も続いており、学校の担任からお母さんが呼び出されることも珍しくはありませんでした。

　そこで私は、子どもの行動で、"今子どもができていて、それをやめられたら困る行動"に注目してもらいました。すると、お母さんからは「一人で学校へ行くこと」、「一人で学校から帰ってくること」、「先生や親からお願いされたことはやろうとすること」などが次々と語られていきます。「ほめるところがない」と言っていたお母さんから子どものよい行動が次々と出てきたのです。これにはお母さんも「実はEができていたことって、いっぱいあったんですね」と自分でも少し驚いたようでした。

　次に、その行動についてどう"ほめていくか"を考えていきました。お母さんは「うちのEは大きな声でほめられると恥ずかしいみたいで、急に変なことをし出すんです。照れ隠しというんですかね」とお母さんなりに"ほめる"ことを実践してもうまくいかなかった経験が語られました。そこで、「ここでは大

袈裟にほめたり思ってもいないことを言ったりする必要はないですよ。彼に合ったほめ方を探しましょう」と提案。お母さんには「感情を乗せ過ぎず、実況中継のようにその時の動きを呟くように、何気なく声をかけること」を意識してもらい、伝えたときの彼の様子を観察してもらいました。

　すると早速変化が見られました。「びっくりしました。Eが学校に行く時に、本当に何気なく『一人で学校に行けるんだね。帰りも一人で帰ってくるしね』とだけ話すようにしたんです。そうしたら学校での様子が大きく変わって。先生に『ぼく一人で勉強もできるよ』なんて言って座ってるって。先生から「どうしたんですか?」って逆に驚かれてしまって」。

　実はFlosのペアレント・トレーニングにおいて、「ほめること」とは、「子どもの良い行動に大人が気付き、それを認めていくこと」にあります。そして、今できている行動が認められた時、他のことも頑張ってみようという気持ちに繋がっていきます。E君の場合も一人でできていることを認められたことで、これまではやれなかったこともやってみようという気持ちになり、先生に宣言する行動に出たのでしょう。

　その後のEくんは、お母さんからの"何気ないほめ言葉"がよっぽど気にいったのか、事あるごとに「ねえ、すごいって言ってよ」などとほめることを強要してお母さんを困らせているようです。しかし、お母さんが話す困り感は、参加したばかりの頃とは大きく異なり、彼の様子を成長としてとらえ、うれしさ半分の気持ちがにじみ出ていました。

　このときのように子どもに合うほめ方をすぐに見つけられることは珍しいことでもあります。しかし、このお母さんとの関わりを通じて、子どもに合うほめ方を探すことそのものが、子どもをしっかりと見つめること、子どもの成長を見守ることに繋がるのだろうとしみじみと感じたのでした。

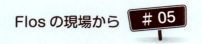

青い花まる

　先日、F君がむぎぐみの事務所に挨拶に来てくれました。「大学に進学することができました」といううれしい報告で、当時を振り返りながらその喜びを共に分かち合いました。
　F君は幼い頃、軽度の脳性麻痺となりました。知的な遅れこそ見られなかったものの、体はやや不自由で、リハビリを受けながら学校、そして花まる学習会に通っていました。F君が高学年になったとき、より彼に合った個別学習支援をということになり、立ち上げたばかりのFlosで、私が担当することになりました。

　当時の彼を一言で表すと、「間違えることを極端に恐れる子」でした。
　例えば、算数の計算で間違えていたことがわかると、「え、なんで？なんで？」となって、頭を抱えてしまい、その後は一歩も先に進めなくなってしまいます。間違えた問題の説明をしようと試みても、間違えてしまったということで頭がいっぱいになり、切りかえることがなかなかできない……。そんな彼にどんなことをしてあげるとよいのか。学習をしっかりと積み重ねることも大事だと思いましたが、まずは、間違ってしまうことで起こる苦しい気持ちを和らげることが大切だと考えました。そこでとった方法は2つです。

　まずひとつは、間違うことは決して悪いことではない、ということばを彼の中に染み込ませること。丸つけをするときは、何度も何度も呪文のように「間違えてしまったけれど次できるようになるといいね！」「間違えることは悪くないね！」などと唱え、本人の口からも言ってもらうようにしました。

そしてもうひとつは、合っていたら赤の丸、間違っていたら、青の丸をつけること。「青の丸は、頑張って取り組んだ、しかも間違いを教えてくれたということの丸だよ。F君にとっては青の丸の方が、価値が高いね！」と伝えながら丸つけをしていきます。
　心を落ち着ける方法としてそれはよかったのでしょう。そのことをきっかけにF君は徐々に気持ちが落ち着き、学習に取り組める時間が増えてきました。これも丸だね、間違いは悪いことではない、と自分に言い聞かせながら一歩一歩前に進んでいきます。
　結局、算数・数学が飛躍的に伸びるというところまではいきませんでしたが、得意の歴史で開花し、中学、高校では日本史はトップの成績。大学では史学科に入ったそうです。F君らしいなと思います。

　生きている限り、特に学びの途中の段階では、間違ってしまうことは必ずあることですが、間違いを受け入れることは、子どもたちにとってこちらが思う以上に痛みを伴うものです。そして、生きている以上、ある程度は受け入れていくしかないもの。でも、その子にとっての痛みを和らげるものは必ずあると私は信じています。
　青い丸はF君にとって効果があるものでしたが、誰にとっても有効なものではありません。子どもたちの気持ちに寄り添いながら、試行錯誤を重ねて保護者の方と一緒に探していきたいと思います。

Flos の現場から #06

雪国スクールでの発見と成長

　　Flos に通っている中学生女子の G さんが花まる学習会の野外体験「雪国スクール」に参加することになりました。知的な遅れのある G さんにとって初めての経験。安全上の考慮から私が個別のサポート役につくことになりました。

　　雪国スクール参加に向けて、G さんは何ができるのか、どんなことが難しいのか、お母さんとも考えながら準備をしていきました。たとえば食器を片付ける、服をたたむ、机を拭くなど、集団生活に必要な身の回りのことを Flos の指導プログラムに組み入れ、練習を始めました。少しずつできることが増え、これまで家庭ではさせずにいたことの中にも G さんができるようになることがあることが発見できました。そのことをお母さんもとても喜んでくださり、ご家庭でも練習を始めるきっかけになりました。

　　雪国スクールが近づいてくるにつれ、当日使用する手袋、帽子、ゴーグルを Flos の指導時に持ってきてもらい、身につける練習も行いました。始めは少し抵抗があるようでしたが、指示通りに身につけ、片づけまで行うことができました。雪国スクール仕様の格好になった G さんの姿を見て、私も当日を迎えることがより楽しみになってきました。

　　そしていよいよ当日。雪国スクールでは関東では見ることのできないような真っ白な銀世界の中、たくさんの雪で遊ぶことができます。G さんは雪の塊をつぶすことが気に入ったようでした。つぶしにくそうな大きな雪の塊を私が手渡すと、G さんはそれに体重をかけたり、上から落としたりしながら粉々にすることを楽しんでいました。そんな G さんの姿は、ここでしか見ることができないものだったでしょう。G さんは飽きることなくくり返しその遊びを続けていました。

　　そこで気づいたのは、G さんは興味があることを 1 時間ほど集中して行うこ

とができるということです。集中して一つのことができるという見通しができたことは、将来作業所などで働くことを考えると、とても大きな発見でした。
　雪国スクール中は集団行動の場面でも、並ぶ、移動する、待つなど、みんなが行っていることを自分もしなければならない、とGさん自身が意識して行動できるようになっていきました。初めての野外体験に向けてFlosの指導で練習してきたことも、すべて実践することができました。食後にお皿を重ねること、枕カバーたたみ、雪遊びセットの着脱など、私が個別でサポートをする場面を減らすことができました。

　雪国スクールを終え、次のFlosの指導ではGさんのお母さんから「すごく落ち着いてきたんですよ！　お皿を流しに持って行って、というと、ささっと重ねて持っていってくれたりするんです！」「ご飯を食べる時も、自分だけ食べてどこかに行ってしまうことが多かったんですが、家族が食べ終わるのを待てるようになりました！」と、喜びの声をいただきました。
　GさんがFlosで練習をして、野外体験で体験したこと、成長できたことが、家庭でも行動としてできるようになっていること。それを知ることができたのは、私にとって一番うれしかったことでした。いつもの教室とは異なる環境で子どもたちに関わると、これまで知らなかった子どもたちの一面に気づき、成長の過程を知ることができます。家や教室だけではなく、野外で集団活動だったからこその成長が、そこにはあったのだと思います。

大人が子どもの心に寄り添って共に育つために大切にしたいこと。

特定非営利活動法人子育て応援隊むぎぐみ・理事　心理相談部門 Sali・部門長
喜多見 学

保護者の力は、子どもの成長に欠かせません。

優しい声かけや温かな視線、明快で節度のある態度は、

困難を抱える子どもたちに大きな安心を与え、成長を助けます。

ここでは家庭で子どもたちと接するときに、

心がけてほしいことをお伝えします。

子どもの自尊感情

社会的な成功体験よりも、保護者との日常的な学習で自尊感情は育まれる

5〜8歳の子どもたちが保育園・幼稚園や学校、家庭での学習を通じて学ばなければいけないことは、知識や学習方法だけではありません。
とても大切なこととして覚えておいてほしいのが、学習を通した人との関わりの中で、子どもの心の"自尊感情"を育むことです。
ここでいう"自尊感情"とは、「自分の存在や生を価値のあるものとして考える心」のことです。
安定した自尊感情は、人が積極的に人生の経験を積み重ね、自分に対しても他人に対しても受容的な心を持ち、社会で自立して生きるための力となります。
「人から知らないことを教えてもらう」、「人にできたことを伝える」、そして「人にほめてもらう」学習を通じて、子どもたちは人間関係から得られる喜びを体験することができます。学習とは、その喜びを学ぶ機会でもあるのです。
そして子どもたちの自尊感情は、社会的な成功体験よりも、日々の生活での保護者からの関わりの中で満たされ、育まれるものです。
ご家庭で子どもたちにものを教えるときは自尊感情を育むチャンスとして、できるだけ楽しく和やかな時間にしてあげましょう。
子どもたちは保護者の豊かな愛情のもと、日々の学習を通じて「人間関係から得られる喜び」を学び、「自尊感情」を育んでいくということを忘れないでください。

家族で共有すること

家族が仲良く協力することが子どもの心の落ち着きにつながる

子どもたちは、大切な人達が仲良く協力している姿を見ると、心が落ち着き、物事に意欲的になります。もし家族が自分の話で喜び合うのを見たら、さらに素晴らしい体験になります。お互いが出来る範囲で助け合う、"家族の協力"の姿を見せることはとても大切なのです。

また、子どもの努力や成長を家族で共有することも重要です。忙しい毎日を送っていると、つい子どもの困ったことだけを話し合ってしまうものです。しかし、子どもの成長を促すためには、否定的な情報よりも肯定的な情報を共有することの方が大事なのです。

たとえば、お母さんが子どもに勉強を教えたら、その成果をお父さんに伝えましょう。そして、お父さんは子どもとお母さんをほめてみましょう。それだけで、子どもは自分のことで両親が仲良く話している姿を見ることができるでしょう。

また、もし余裕があれば子どもの前で夫婦でお互いのことを労い、ほめ合う機会を作ってもよいでしょう。そんな両親の姿を見た子どもたちは、自分自身がほめられたような、暖かな気持ちになります。そして自分ももっとほめてもらいたくなり、意欲的な姿を見せてくれるでしょう。

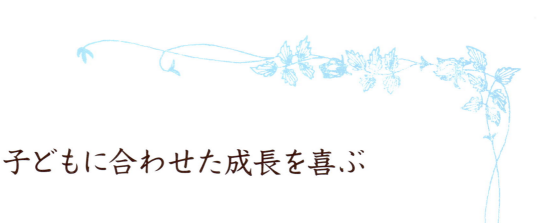

子どもに合わせた成長を喜ぶ

うまくいかない現実を共に受け入れ困難に向き合う力を育てる

保護者にとって、子どもたちが自分自身を理解し、自分との付き合い方を学び、自立していくことは、大きな目標でしょう。"発達障害"を持つ子の場合、どのように自分を理解していけばいいのでしょうか？

子どもたちにとって"障害"は、ことばで知るものではありません。長い時間をかけて、日々の生活の向上を目指して、目の前の困難と向かい合い、乗り越える中でわかってくるものなのです。障害を抱える子どもたちは、他の子と比べてうまくいかない体験を多くします。失敗の中で、周りと違う自分を受け入れるには、長い時間がかかります。

保護者も、子どもと同じ道のりを進みながら、子どもの障害を理解していくことになるでしょう。その際に大切なことは、"子どもに合わせた成長"を喜ぶことです。家族に認められ、自分らしい能力を発揮できた喜びは、子どもたちが自分自身を受け入れる土台となります。子どもと保護者が共に喜ぶことで、土台が作られていくのです。"子どもに合わせた成長"を喜ぶことは、うまくいかない現実を共に受け入れることでもあります。一人では受け入れがたい苦しい現実も、両親と共にならできるものです。時間はかかりますが、親子で成長を喜ぶことを通じて、子どもたちが困難に向き合い、社会に挑む意思の力を育てていきましょう。

発達障害の 基 礎 知 識

「発達障害」の原因は、親の育て方や本人の努力不足ではありません。
明確にわかってはいませんが、原因は脳の働き方にあるとされています。
発達障害の子を持つ保護者の中には、「自分の育て方がいけなかった」と落ち込んでしまう方も多いのですが、誤解は禁物です。落ち込むことよりも、特性を知って、その子が生きやすくなるように発達を促していくことが大切です。
いま、小学校では支援を必要としている子どもが１割近くいるといわれています。診断はされていなくても、何かしらの発達上の困難を抱える子が増えているようです。「発達障害」が身近な言葉になっている今だからこそ、どんな子どもでも能力を伸ばしていくための「あそトレ」を、実践してみてほしいと思います。

ASD（自閉スペクトラム症）

● コミュニケーションが苦手
● こだわりが強く、興味が偏りがち

➡ 納得したことに真面目に取り組み、興味があることを深く追求できるため、一芸に秀でる子どももいる。

※ここに書かれた様子が見られる＝発達障害と診断されるわけではありません。

AD/HD（注意欠如・多動症）

● 不注意（適切な集中ができない）

● 多動・多弁（じっとしていられない）

● 衝動的（考えるより先に動いてしまう）

➡ エネルギーがあっていろいろなことを思いつくため、クラスの中で活躍できる子どももいる。

SLD（限局性学習症）

● 「読む」「書く」「計算する」などの能力のうち、特定のものが極端に苦手。

➡ 知的な発達の遅れはないので、苦手なもの以外の学習能力は平均以上になる子どももいる。

そもそも何かにじっくりと取り組むことが苦手、勉強に対する意欲が足りない

→まずは定期的に1つのことに取り組む姿勢を持たせるために、"社会性"のトレーニングから始めて見てください。また、子どもに"遊び"と感じてもらうために保護者がいっしょに楽しむ姿勢でやってみましょう。子どもの興味を引くために、好きな道具やキャラクターをトレーニングに使用してみるのもおすすめです。

Part.

3

社会性
を伸ばす
あそトレ

発達に不安がある子にとって
社会性とは？

あそトレでは「生活や学習をスムーズにしていくために必要な力」として、集中する・記憶する・イメージする・他者に関心をもつなど、トレーニングのねらいを幅広く社会性としました。これらの力は遊びやお手伝いなどの日常生活を通じても伸びていく力ではありますが、あそトレを活用し、意識的に実践することで、子どもたちは経験を積み重ねていくことができます。そして、あそトレで身につけた力や経験を家の中だけではなく、さまざまな場面で活用することで、自信を育んでくれることでしょう。
ここでは、幅広いトレーニングの中から、どのように子どもたちに社会性をつけていけるかを想像しながら実践につなげていきましょう。

1.「コミュニケーション力」につなげる
　　トレーニング

お友だちといっしょに遊んでいてもすぐにケンカしてしまう、そもそもお友だちと遊びに出かけることが少ない、お友だちに興味がなさそう、など、子どもたちのコミュニケーションに不安を抱くことは少なくはないのではないでしょうか。本当は仲良く遊びたい、友だちを作りたいけど、上手くいかない、そんな想いを抱えている子には、まずは家の中での遊びを通して成功した経験を積み上げ、それを外でも実践していけるようなトレーニングをおすすめします。

- つい自分の気持ちを優先して行動して友だちとケンカをしてしまう子、がまんすることが苦手な子　➡　**15「オモチャでドラマ」**

- 他の子に興味がなく友だち作りが苦手な子、会話をどう始めればいいかわからなくて困ってしまう子　➡　**19「お母さんクイズ」**

- 相手の気持ちをくみとることが苦手な子、自分の感情を表現することが苦手な子　➡　**20「何があったでしょうクイズ」**

- 学校であったことをなかなか話してくれない子、家での会話が少ない子
  ➡　**21「ただいまおみくじ」**

2.「記憶力」につなげるトレーニング

「なんでこの前教えたことを覚えていないの？」と、つい子どもに言ってしまうことがあるのではないでしょうか。記憶する力を育んでいくことは普段の生活をスムーズにし、また学習の効率を上げることにもつながります。記憶力は知能指数の高さ、年齢、学習能力、それぞれの個性や特性などによって人それぞれではありますが、覚えることを意識的に行うことで、記憶する力を育んでいくことはできます。

- 「昨日怒られたけど、なんでだったかな？」などのように、覚えておくこと（記憶）が苦手な子　➡　**18「何が書いてあるのかな？」**
  22「ごほうびカードを手に入れろ！」

Part 3・社会性を伸ばすあそトレ

14 絵本でクイズ

絵本に描かれている情景や表情を伝えて意識させ、クイズ形式にして質問することで、イメージする力を養うトレーニングです。

 15分

手順

1

「これから絵本を読むね。あとでクイズを出すからね」

と伝え、絵本のタイトルを読み上げます。

2

1ページ目を見せて読み上げ、絵を指差し

「△△しているね」

などと絵から読み取れることをことばにして伝えます。

※子どもに知ってほしい単語が書かれている部分は、ジェスチャーを交えながら説明しましょう。

ここが Flos メソッド！

- 絵本をただ読み上げるのではなく、「○○も（描いて）あるね」「他に何が描いてあるかな？」「笑っているね」等と細部や表情に注目をさせましょう。
- 絵や文章から登場人物の心情や状況を考えられるように、「何で笑っているのかな？」「何で『イヤ』って言ったのだろう？」などの問いかけを行いましょう。
- 子どもの回答や発言を否定せず「そうかもしれないね」などと受け止め、「○○なのかもしれないね」と返答します。
- 断定せず、子どもに想像する楽しさを感じてもらいましょう。

用意するもの

- 絵本（はっきり文字で書いておらず表情で表しているものがおすすめ）

トレーニングのねらい

- イメージする力を鍛える

【Flosのおすすめ】

『トマトさん』
田中清代・作（福音館書店）

『あいうえおうさま』
寺村輝夫・文、和歌山静子・絵
（理論社）

---

❸

同じページに❷で伝えた以外の絵が描いてあるようであれば

> これは、何しているところかな？

などと呼びかけ、子どもが発言しやすいように絵を指し示します。子どもが絵について話し始めれば

> そうだね。△△だ

と指し示しながら、子どものことばをくり返します。

❹

一通り絵本を楽しんだ後

> 何で△△がいるのかな？／何で○○したのかな？

などと絵だけでは読み取れない内容をクイズにして問いかけます。
子どもが答えられれば

> そうだね。△△だ

と受け取ります。

※答えとしてずれていた場合には、「そうかもしれないね」と受け取り、「あ！もしかしたら△△だからかもね？」と伝えて次のページに進みましょう。

❺

❷〜❹のようなやり取りをくり返しましょう。

ア・レ・ン・ジ

★絵本ではなくても、本を数行ずつ読み聞かせをした後に同じようなクイズを出していくと、内容を理解する力や、イメージする力を育てることができます。

Part 3・社会性を伸ばすあそトレ

15 オモチャでドラマ

子どもの好きなオモチャを使って、保護者とやりとりをしながら子どもの要求を調節するトレーニングです。

 10分

（手順）

1 子どもがオモチャを使って遊んでいる時に、保護者がいっしょに遊びます。はじめは子どもの要求に従いながら、子どものペースに合わせて遊びます。

2 しばらくしてから、保護者が手にしているオモチャを使って、子どもが使っているオモチャに話しかけます。

※「ねぇねぇ、あっちのほうに行こうよ」など、子どもが指定する動きと違えば何でもOK。

※子どもの思い通りにならない動きをすることで、他の人の行動を受け入れる経験につながります。

※ミニカー等でも擬人化して扱いましょう。

ここが Flos メソッド！

- はじめのうちは、子どもの要求に反する言動を一度だけ言うようにし、遊びが楽しく終われることを目指しましょう。
- 子どもの機嫌が悪くなったら、遊びにもどれなくならないよう、「〜したかったのに」と気持ちを伝えて一度引くようにしましょう。

用意するもの
- 人形、ミニカーなど子どもが好むオモチャを複数

トレーニングのねらい
- 他者を受け入れて遊べるようになる
- 自分の言動を客観的に振り返る
- コミュニケーション能力の向上

3 子どもが怒ったら、「こうしたいのにな」等、不満を訴えて粘ります。
それでも子どもの気がおさまらないようなら要求に従います。

4 ❷〜❸をくり返す。
※遊びが嫌になってしまわないよう、❷〜❸の頻度はほどほどにします。

5 ふだんの様子で気になる言動がある場合、保護者が手にしているオモチャを使ってその時の言動を表現してみせます。
※ふだんから自分の要求を通すときに手を引っ張っているようなら、同じように手を引っ張る動作をしながら、要求を通そうとしてみます。

ア・レ・ン・ジ

★❹を行う際に、「〇〇したいのだけど、どうしたらいいの？」と質問をして、子どもに自分の気持ちを言語化させるなどしてコミュニケーションを発展させていくこともできます。

Part 3・社会性を伸ばすあそトレ

16 おばけをやっつけろ！

紙に描いた○や□をおばけに見立て、制限時間内に塗りつぶし、おばけをやっつけるトレーニングです。

🕐 3分

（手順）

1 用意した紙に丸や四角を書き、その中に目や口などの絵を書いて、おばけに見立てます。

2 子どもに絵を見せながら

> おばけだよ。このおばけを、はみ出さずに真っ黒に鉛筆で塗るとやっつけられるよ！

と伝えます。

3 子どもに鉛筆を渡し

> ○秒間、全力でおばけを真っ黒に塗ってね

と伝えます。

※秒数は子どもの様子で決めます。10秒で1つのおばけが目安。

ここが Flos メソッド！

● 幼児…目に見えた結果で認めましょう。　例：「早くできたね」「いっぱい塗れたね」
● 低学年…結果よりもプロセスを大切にしましょう。
　例：「はみ出さずに塗れたね」「集中できていたね」「終わりの合図でやめられたね」

用意するもの

- A4 もしくは B5 の紙
- 鉛筆

トレーニングのねらい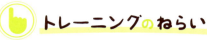

- 集中する力を育む
- 運筆（書きたいところに手を動かす力）を鍛える

4

「よーい、どん！」

と開始の合図をして時間を計ります。

5

時間になったら、

「おわりだよ」

と終了の合図をして、

「おばけをやっつけられたね！」

「すごく集中できたね」

など、頑張ったことを褒めます。

ア・レ・ン・ジ

★ 細かな動きが苦手な子に対しては、おばけの大きさを小さいものにして始めましょう。慣れてきたら大きさを変えて調整しましょう。はじめのうちははみ出してもOK、白い部分が残っていてもOKとしましょう。少しずつ丁寧に塗れることを目標にしましょう。

★ 色を変えて行うこともできます。「青いオバケを赤にして元気にしよう！」などのアレンジで楽しく取り組みましょう。

Part 3・社会性を伸ばすあそトレ

17 花まる先生

子どもと保護者がそれぞれ目標を決めて、
お互いにどれだけ目標が達成できたか確認し合うトレーニングです。

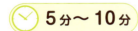 5分〜10分

手順

1 子どもと保護者それぞれが「できるようになりたいこと」「やろうと思っていること」を紙に1〜3個書きます。

※目標に取り組む期間については、子どもの状況に合わせて、1時間〜1週間など変えましょう。

> 今から、できるようになりたいことや、やろうと思っていることを紙に書いて、できたかどうかをいっしょに丸つけしよう

来週までの目標 はなこ	来週までの目標 ママ
1. あさ6じにおきる △	1. あさ5じにおきる △
2. はみがきを1人でする ◎	2. あたらしいイスカバーを作る ◎
3. 学校からかえったらてがみをすぐみせる ○	3. タンスの中をかたづける ○

ここが Flosメソッド！

- 子どもの意欲を保つため、丸つけの際には、なるべく×は使わずに、◎、○、△などを使いましょう。
- 最終目標が「宿題を○時までに終わらせる」なら、最初は「問題1つを5分でやる」「△時から宿題を始める」など、すぐに達成できそうな目標を設定しましょう。
- 子どもが自分の目標と相手の目標と混乱する様子があれば、その日は"子どもの目標"、"次の日は保護者の目標"、など実施する期間を変えます。
- 目標の紙をファイリングしたり、ノートに貼り付けたりしてためていくと"できた"ことがわかりやすく、自信につながります。

用意するもの
- 紙
- ペン（黒、赤）
- シール（必要に応じて）

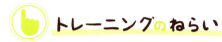
トレーニングのねらい
- 責任感と、目標に取り組む意欲をもたせる
- 小さい「できた」を重ねることで自信を育む

2 ❶の紙を交換し、それぞれの目標を確認します。

3 目標期限に、どのくらい目標を達成できたか、丸つけをして確認しましょう。

> お母さん（お父さん）の書いたものは、○○ちゃん（くん）が丸つけをしてね。○○ちゃん（くん）が書いたものは、お母さん（お父さん）が丸をつけるよ

4 目標が達成できたら、次の目標を立てます。

※「できること」を一時的なものにしないように、次の目標は前の目標を少しレベルアップさせたものや、関連づいているものにするとよいでしょう。

5 ❷〜❹のようなやり取りをくり返しましょう。

ア・レ・ン・ジ
★ お互い相手にやってほしいことを、相談して決めてもよいでしょう。
★ 丸つけの際には目標の横に花まるをする以外にも、子どもの好きなシールを貼るなどすると、子どもの意欲が上がります。

Part 3・社会性を伸ばすあそトレ

18 何が書いてあるのかな？

ひらがなの書かれたボールを投げて、
何が書いてあるのか当てるトレーニングです。

 5分〜10分

手順

1 ボールに、ひらがなを1文字ずつ書いた紙を貼っておきます。

例）「りんご」なら「り」「ん」「ご」とそれぞれのボールに貼る。

2 これからひらがなが書かれたボールを順番に投げるから、全部覚えておいて、最後に何ていうことばだったか教えてね

と伝えましょう。

ここが Flos メソッド！

- 文字に抵抗がある場合は、絵を貼り付けて行いましょう。
- 見えていても何のことばかわからない場合は、何回か投げてあげましょう。それでもわからなかったら、文字数を減らしたり、文字を太くしたりしましょう。
- 文字は白地の紙に黒のペンなどではっきりと見やすく書きましょう。

用意するもの

- ボール（カラーボール、テニスボール等）
- ペン
- 紙 ● テープ

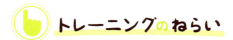

トレーニングのねらい

- 目の動きや目で見て理解する力を伸ばす
- 記憶する力を育てる

3

「1つめ〜」

などと言いながら、子どもの目の前でボールを上に向かって投げます。

4

全部投げ終わったら何のことばだったか聞きます。

ア・レ・ン・ジ

★ おやつの時間の前に、このトレーニングを行い、出てきたことばのおやつが出てくるようにすると、より楽しく行えます。

★ ゲーム感覚で行うために、子どもと親とで役割を交代したり、キャッチボールしているところを子どもが見ていたりすることもできます

★ 年齢により、カタカナ／漢字を混ぜたり、正解の言葉に1文字足したりしてもよいでしょう。
（例：りんご→ご・り・そ・ん）

★ 文字数を長くしてもよいでしょう。

Part 3・社会性を伸ばすあそトレ

19 お母さんクイズ！

保護者の好き嫌い、誕生日などについて
どのくらい知っているかクイズを出して答えるトレーニングです。

 5分

（手順）

1

お母さんクイズ！

と言い、お母さんにまつわるクイズを子どもに出題します。

例：誕生日、趣味、好きな食べ物、利き手、仕事、朝家を出る時間、好きな俳優、好きなドラマ、好きな歌手、いつも見ているテレビ番組、身長、体重など

※普段の保護者との関わりの中で、わかる範囲の質問にします。

- 結婚する前のお母さんの苗字は？
- お母さんの誕生日はいつ？
- お母さんの身長は何センチ？
- お母さんのきらいな食べ物は？

ここが Flos メソッド！

- 他者への関心を広げるためには、やり取りの中で子どもが他者について考える機会を生み出すことが大切です。いちばん身近な他者である家族を題材とすることで子どもの興味・関心は自然に広がっていきます。
- 正解／不正解が大切ではありません。他者への関心の種まきをするイメージで声かけをしましょう。

78

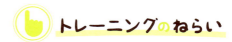

- なし

● 身近な人物の特徴や情報を知る機会を作り、他者への関心を広げる足がかりとする

2

正解した場合
…たくさんほめてあげましょう。

- よく知っているね！
- なんでわかったの！?
- お母さん言っていなかったのに！

知らなかった／間違えた場合
…関心のきっかけになる声かけをしましょう。

- お母さんは実は、〇〇が好きだったんだよ
- お母さんの誕生日は、△月×日だよ。じゃあ、お父さんはどうだろうね？

3

子どもの関心が広がったら、質問内容の幅を広げていきましょう。

※兄弟、おじいさんおばあさん、学校の先生など。

ア・レ・ン・ジ

★ 昨日の出来事などから質問すると、時系列がわかっているかを見られます。
★ 幼児向けには、「今日」「今」に関する質問の方が答えやすいです。
★ 「昨日のご飯は何でしたか？」⇒「お母さんが昨日作った晩御飯は何でしたか？」と質問の仕方をより具体的に変えるだけで、子どもたちの興味につながります。

Part 3・社会性を伸ばすあそトレ

20 何があったでしょうクイズ

「いつ」「どこ」「だれ」などが書かれた紙を見て、そこから何が起こったかや、どんな気持ちかを予想させるトレーニングです。

2分〜

手順

1　「いつ」「どこ」「だれ」「何」「どうする」「どう思った」などが具体的に書かれたヒント1とヒント2、それに対応する答えが書かれた用紙を、Flosのホームページからダウンロードし、印刷して切っておきます。

ヒント／答えカード ↓

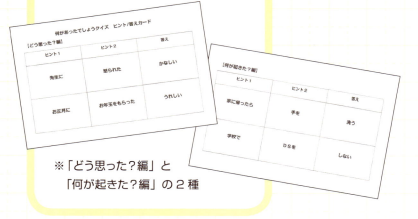

※「どう思った？編」と「何が起きた？編」の2種

2　何があったでしょうクイズ！これからヒントを出します。ヒントを見て、どう思ったか（何が起きたか）を当ててみてね

と言ってクイズを始めます。

ここが Flos メソッド！

- 最初は、子どもが日常生活で体験しているような、想像しやすい内容からはじめましょう。
- 「いつ」や「どこ」によって、同じことでも感じ方が変わることを確認することも大切です。

- ヒント／答えカード ［ダウンロード可能］

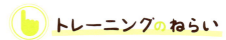
- 自分や他者の感情を想像する
- イメージ力を育てる

3

ヒント1は○○、ヒント2は△△、ということは〜？どう思ったでしょう!?（何が起きたのでしょう!?）

と伝え、ヒントを言いながら、ヒントカード2枚を子どもに見せます。

4

子どもが答えを言った後に、答えカードを出して答え合わせをしましょう

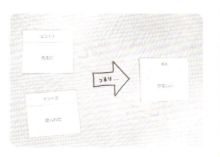

ア・レ・ン・ジ

★ 子どもの回答が用意した回答にはないものの、望ましい回答であった場合、「それもいいね」と言って、いっしょに回答カードを作ってみましょう。

★ ヒントの数や文章の長さは、子どもの想像力や理解力によって変えてもよいでしょう。

★ 慣れてきたら、カードを使わずに「さっきあったこと」という形にして、口頭で出題することもできます。

★ 擬音語や擬態語で答えを用意するとより楽しく行えます。
　例：「ワクワク」「ガーン」

Part 3・社会性を伸ばすあそトレ

21 ただいまおみくじ

親子の会話でよくある質問をおみくじにし、子どもに引かせて答えてもらうトレーニングです。

 5分

手順

1 紙に、「今日の給食は？」、「休み時間に何してた？」、「今日楽しかったことは？」など、親から子どもへの質問を書いて、わりばしの先に貼り付けて筒に入れておきます。

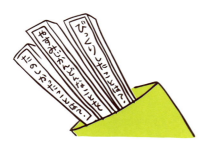

2 子どもが学校から帰ってきたら

> 今日のただいまおみくじひとつ引いて〜

と伝えます。

ここが Flos メソッド！

- 大切なのは、「深くは聞かない」、「協力してくれたら感謝の言葉をかける」ことです。普段からのちょっとした会話を楽しみましょう。
- ふだん気になっているもののなかなか聞きだせないことをおみくじの質問にすると、子どもが何気なく答えてくれる確率が上がります。

用意するもの

- わりばし数本に質問の紙を貼り付けたもの
- わりばしのおみくじを入れる筒

トレーニングのねらい

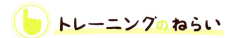

- 親子のコミュニケーション機会を作る
- 子どもの発言機会を作る

❸

出てきた質問を、子どもが答えたくなるように、明るく読み上げます。

❹

子どもが答えたら、「答えてくれてありがとう」など、感謝の気持ちを言葉にします。

ア・レ・ン・ジ

★ 高学年になると家庭内での発言が減ってきてしまうので、子どもとのコミュニケーションの入り口として実施することで会話のきっかけづくりにもなります。

★ わりばしではなく三角くじにして箱に入れても楽しくできます。

Part 3・社会性を伸ばすあそトレ

22 ごほうびカードを手に入れろ！

カードを引いて連想するものを言い、
それを記憶していくトレーニングです。

🕐 5分

（手順）

1 Flosのホームページからダウンロードしたジャンルカードと、ごほうびカードを印刷し、切っておきます。ジャンルカードは、裏返して山積みにしておきます。ごほうびカードは保護者が持っておくようにします。

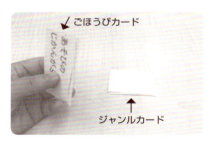

ごほうびカード ↓　ジャンルカード ↓

2 順番にジャンルカードを引いて、そこから思いつくものを言っていくよ。言ったものを覚えておいて、パトカー、電車……みたいにどんどん続けて言っていくよ。続けてできたら、ごほうびカードがもらえるよ！

まずは、○回続けてみよう

と言ってジャンケンをし、勝った人からジャンルカードを引きます。

ここが Flosメソッド！

● 覚えることを嫌がる場合には、子どもが好きなジャンルで行いましょう。

● 覚えることが苦手な場合には、覚える回数を減らして行いましょう。また、「ヒントは"○"だよ」と言って、頭文字だけヒントを言ってあげてもよいでしょう。

用意するもの

- ジャンルカード［ダウンロード可能］
- ごほうびカード［ダウンロード可能］

トレーニングのねらい

- 記憶する力を育てる

3 出たジャンルに沿って、連想するものを言います。
例：ジャンルが乗り物なら、パトカー・電車など

4 次の人もジャンルカードを引きます。前の人が言ったものを言い、その後に、自分の引いたジャンルカードから連想したものを言います
例：1回目「パトカー」
2回目「パトカー・うさぎ」
3回目「パトカー・うさぎ・りんご」

5 ❸〜❹をくり返し行います

6 目標の回数を続けることができたら、

> 目標を達成できたので、ごほうびカードを引いてみてね

と言って、ごほうびカードを引かせましょう。

ア・レ・ン・ジ

★ ジャンルカードの条件を、「白い動物」や「最初に"あ"がつく動物」などに限定すると、難易度が上がります。

★ ごほうびカードを子どもの好きなものにすると、より楽しんで行えます。
　例：テレビタイムが10分増える、好きなものを夕食に出してもらえる、など。

Flos の現場から　#07

子どもたちに育ててもらう

　　Flos の設立に際しては多くの子どもたちとの出会いがありました。彼らとの出会いが私たちスタッフを、そして Flos という組織を育ててくれました。ここではそのひとつをお伝えしたいと思います。

　　H 君は重度の重複障害があり、出会った当初は発語がなく、体で自由に動かせるのは首と肘から先のみでした。しかし、笑顔が素敵で可愛らしく、人懐こい少年でした。私が担当となったのですが、出会った初日、正直何をすればいいのか全くわかりませんでした。

　　そこで苦し紛れにやったことは、彼が投げたボールをひたすら拾って、彼に渡すこと。彼がボールを投げたら、私はすばやくとって、すぐに彼に差し出す。そうすると、H 君はとてもうれしそうに笑い、また投げるのです。私は段々疲れ、息が切れてくるのですが、その様子も面白かったのでしょう。H 君はときどき違う方向に投げたり、できるだけ遠くまで投げたりするようになりました。私は「そっちかー！」「また投げるの !?」などと言いながら、とにかく全力でボールを拾い続けました。そして 1 回目の指導の時間が終わりました。H 君は笑顔で帰っていきました。

　　1、2 か月だったでしょうか、ボールを拾い続ける日々はしばらく続きました。自分なりにいろいろと指導法を勉強したりもしたのですが、H 君が一番楽しそうだったのはこのやりとりだったので、「もうこれでいこう！」と決めて、とにかくやり続けました。しばらくたった時、H 君のことをよく知っている方からこんな話を聞きました。

　　「H 君なんだけど、最近学校でものすごく明るく元気になってきたらしいよ！何をやったの？」…私はひたすら玉拾いをし続けただけです。でも、それが H 君の心を動かしたのかもしれません。さらに時が経つと、H 君はキャップを回

して外すことができるようになったり、車いすを自力で動かせるようになって、すごい勢いで教室を走り回ったり、私のことを「先生！」と呼んでくれるようになりました。

　彼の成長は、日々の保護者の関わり、そして学校の先生たちの関わりによるものでしょう。私は1週間のうち1時間半、彼の動き、彼の心に寄り添い続けようとしただけです。実際寄り添えていたのかもよくわかりませんし、彼がどう思っていたのかもよくわかりません。しかし、H君が私に向けてくれた笑顔は、確かにH君と私の心のつながりを感じさせてくれるものでしたし、二人の時間が彼にとって少しでも意味があったものだと思っています。そして、H君と関わり続けたあの1年間はその後の私の仕事の土台となっています。そしてその体験が、Flosの理念へとつながっていったのです。

　このエピソードでは技術的な話はほとんど出てきません。当然我々Flosのスタッフは、発達支援に関する専門的な訓練を経ており、多様な指導技術をもって現在まで指導にあたっています。しかしながら、その根底にあるのはここでご紹介したような「子どもの心に寄り添うこと」です。何があろうと目の前の生徒の心に寄り添おうとすること、それこそが私たちの一番の専門性であると言えるかもしれません。目の前の生徒が何を思い、何に困り、何を望んでいるのか。そしてそのために自分は何ができるか。それを、全身全霊をもって考え抜き向き合っていく姿勢は、Flosの指導において最も大切な専門性だと私は考えています。

多様性はプラスになる。他の子と「違う」

　読んでみていかがだったでしょうか。今回は、行動力とユーモアセンスに満ちた心理の専門家の青年たちが立ち上げた Flos が、10 年来、支援を要する子どもたちに向けて取り組んできた種々のトレーニングのいくつかを、ご家庭でも使えるようにアレンジし、まとめたものです。Flos メソッド、まずは試してみてください。

　発達障がいの症状は多様ですが、彼ら彼女らは、できることとできないことがとても偏っていることが多く、その尖った部分をきちんと見つけて伸ばしてあげれば、むしろ活躍できる可能性すらあります。クリエイティブだったり、発想がユニークだったり、という個性をもっている。大成功を収めた研究者や社長などの相当数が発達に何らかの偏りがあることは、今や周知の事実であると言っても言い過ぎではないでしょう。

　しかし現実問題、軽度発達障がいの子をもった親は、対応に困って1人で抱え込んでいる人が大半です。「自分のせいじゃないか」と自分を責めてしまうお母さんも多いと思います。夫も親も、学校の先生もわかってくれなくて、八方ふさがりになってしまう。そして、その不安が子どもたちにも伝染し、より症状が悪化したりする。

ことが大事。

　発達に遅れのある子どもたちへの一番の支援は、結局お母さんが安定していることです。これは、障がいがあろうがなかろうが関係ない。20年以上も様々な子どもたち、そしてその親たちと関わってきたことにより見えた紛れもない真実だと思っています。

　だからこそ、大切なことは、お母さんが子どもの個性を受け入れることができるような心をもてるように周りがサポートしていくことです。逆に言うと、お母さんの心がけとしては、「一人で悩まずどんどん頼る」ことがポイント。他の子と同じにできることより、実は「違う」ことのほうが大事であるということ。そのことに目を向けていくためには、心のエネルギーが必要です。困ったら1人で抱えず、専門家などに相談してみてください。ただそれだけで、心が晴れることも多いのです。

　これからも私たちは、「遊び」や「芸術」を独自の切り口にすえて、障がいの子はもちろん、現代の子育ての支援をしていきたいと考えています。

特定非営利活動法人　子育て応援隊むぎぐみ・理事長
高濱正伸

Flosってどんなところ？

　特定非営利活動法人子育て応援隊むぎぐみ　発達・療育支援部門Flosの母体は、関東を中心に展開をしている「花まる学習会」です。花まる学習会は、数理的思考力・読書と作文を中心とした国語力に加え、野外体験を三本柱として、将来「メシが食える大人」そして「魅力的な人」を育てる学習塾です。
　「単に成績を伸ばす」ということが目的ではないため、多種多様な個性をもった子どもたちをとにかく受け入れてきました。まさに、「どんな子でも受け入れる」場所だったのです。
　その中には、知的障害（最重度と呼ばれる水準の子を含む）や自閉スペクトラム症、ダウン症など発達上の障害がある子どもたち、筋ジストロフィーなどの身体的な障害がある子どもたち、学校は不登校の状態だけれど、花まる学習会には通うことができる、という子もいました。
　彼らが一般的に定型発達と言われる子どもたちと同じ教室で学んでいる、同じ場を共有している、それは現在の特別支援の在り方から見てみると、驚くべき事実だったでしょう。しかも、障害のある子もない子もみな一様に楽しそうに活動をしていたのです。

　とはいえ、花まる学習会は障害児教育を専門としているわけではありません。配慮が必要な子どもたちには、できる限り講師が指導時間を通して付き添い、その子の支援を行うことになっていました。それぞれの社員や講師が試行錯誤をしながら、また、それぞれが独自に学びながら子どもたちに向かい合っていました。

　そこで、「その子たちのためにもっと何かできることがあるはず。専門的な指導の場を作ることはできませんか？」臨床心理を専門とする講師からの提案に、代表の高濱氏は「いいね！ぜひ、形にしていこうよ」と答えてくれました。そこから、花まる学習会個別指導部Flosの立ち上げ、そして特定非営利活動法人子育て応援隊むぎぐみの設立、その中の一部門として、発達・療育支援部門Flosが誕生したのです。

　以来Flosでは、子どもたちが自分らしくいられる場所をつくること、子どもたちのもつ『可能性』を伸ばすことを理念として、子どもたちの個別、グループ形態での支援を行っています。

Flos 教室案内

> 発達に偏りがある子どもたちが、
> 自分らしく、可能性を伸ばせる場所。

特定非営利活動法人子育て応援隊むぎぐみの発達・療育支援部門である
Flos（フロス）は、子どもたちが自分らしくいられる場所を作りたい、
自分たちのもつ「可能性」を伸ばしていきたい、
子育て中の保護者を地域みんなで支えていきたい、という理念の基、
知的障がいや学習障がい、AD/HD等の障がいの有無にかかわらず、
学習面や社会面に困難さのある子どもたちや
その家族を支援してきました。
Flosでは、その支援のひとつとして個別指導コース、小集団指導コースを
設け、花まる学習会の教室長として知識と経験を積んだ教育のプロと、
子どもの発達や特別支援に精通する臨床心理士が協力し、
より専門性と質の高い指導を実践することを心がけています。

Flosでは、埼玉県さいたま市に2教室、東京都に1教室で指導を行っています。
ご興味のある方は、左のQRコードよりHPを御覧ください。

個別指導コース

学習・行動・生活などの面で苦手さをお持ちのお子さまが対象です。講師が生徒と1対1で指導を行います。保護者の方と話し合い、年間の指導目標を定め、お子さまに合わせた指導プログラムを作成します。

こんな子を伸ばします

- □ 勉強に自信をなくしている
- □ 落ち着いて勉強できない
- □ 教わったことをすぐに忘れてしまう
- □ かずを数えることが難しい
- □ 得意不得意の差が極端にある
- □ 計算・読み書きに苦手さがある
- □ 学校の勉強に2年以上の遅れがある

など

小集団指導コース

ペアを含めた小集団でコミュニケーションなどの指導を行います。表面的な行動スキルだけでなく、その背景にあるお子さまの気持ちや物事の捉え方などにも目を向け、仲間とのかかわりの中でその子に合わせたアプローチを行います。保護者の希望を伺って指導目標を定めます。

こんな子を伸ばします

- □ 友だちと仲良く付き合えない
- □ 勝ち負けへの執着が激しい
- □ 自分の意見を上手く伝えることが苦手
- □ 相手の気持ちを理解することが苦手
- □ すぐに感情をあらわにしてしまう
- □ 思うようにいかないとパニックになる

など

Flosに通う方々の声

- 親は気が付きにくい成長に、気づかせてくれる場所。
- 子どもに対して何をどう教えていいのかがわかりませんでしたが、Flosではさまざまなアドバイスをもらえて助かります。
- 子どもの気持ちを大切にしながら指導してくださるFlosは、私たち親子にとって、とても心強い支えになっています。
- 学校ではうまくいかないことも増えてきて、子どもいわく「めだたないように」おとなしく過ごすことが多かったようですが、Flosに来るとのびのびと活動していて、子どもにとって安心して過ごせる場所なんだなと感じています。
- 自分をのびのび出しても笑われたり、怒られたりすることがなく、「こうしなさい」と指図されることもなく、「自分の気持ちを尊重しつつ、もっとうまくいくやり方」を見つけるサポートをしてくれる存在というのは、とても大事だと思いました。
- 若い先生が多く、子どもにとっては先生というよりよきお姉さん・お兄さんという感じです。
- 希望すれば花まる学習会の野外学習に参加できるのもうれしい。
- 心理相談のSaliと連携していたり、おしゃべりサロンなどがあり、自分の悩みを相談できるところがよい。
- 定期的に面談があることがよい。
- 料金も良心的。

- ことばやコミュニケーションが増えて、かずの概念も伸びました。
- Flosに通う前は、課題をやらせるときに「学んでほしい」という気持ちが強く、感情的になっていましたが、Flosでのテンポのよい指導を見て、集中が続かなければ課題を切り替えるという意識ができました。
- 性格を把握した上で特性に合わせて指導してくれるので、多動で集中が苦手だったわが子も飽きないで取り組めています。今では1時間座って指導に取り組めるようになっています。
- 以前は、間違えることを嫌がり感情の起伏が激しかったのですが、耐性がついたというか、根気がつきました。調子が悪くても、「ここまでやろう」というメリハリがつけられるようになったのを感じます。
- 他機関では小学校で関わりが終わりになるところもある中で、個別指導は高校生コースまであるので、長期的に見てもらえるのがうれしい。
- 宿題（勉強）をやらせるのが大変なのは変わりませんが、それでも「今日は特別だからね！」と、自分で言って納得してからなら、以前よりも早く取り組めるようになりました。

- 小集団指導コースではタイプは違っても何かしらの課題を抱えている方とクラスメイトになるので、妙な気負いはなく、親子で安心してのびのびと通うことができました。
- Flosの小集団は、とても温かい雰囲気で親子ともに大好きな空間です。他の予定よりもFlosを優先したがる程、毎回の授業を楽しみにしています。
- Flosに通って約2年。気が付けば、1番目に固執していた部分はなくなりました。
  通い始めの頃は、4歳下の妹と、トイレ・お風呂に入る順番（タッチの差）で競争をし、1番になれないと泣き叫んでいました。今では、譲ることができています。
- 感情の起伏が激しかったり、気持ちをことばで相手に伝えにくく、日常生活（特にコミュニケーション）の中でうまくいかないことが多く、親としてどのように対応したらよいかわからず困っていました。市の療育の対象にはならず相談先がなく悩んでいましたが、Flosで相談できるようになってよかったです。
- 年上や年下の子とは比較的楽しく遊べるのですが、同級生（特に男子）とはうまくいかないことが多い中、Flosでは同級生や年の近い子とも楽しく遊ぶことができ、とてもうれしいようです。
- 指導中に楽しくて興奮しすぎたり、思いが通じずイライラすることなどもありますが、その感情にフタをするのではなく、そんなときこそ先生方が、気持ちに寄り添い声をかけ、学ぶ（自分の気持ちに気づく、考える）機会として対応してくださることに、とても感謝しています。
- 「友だちといっしょに遊んで楽しかった」と心から思える経験ができています。子どもが安心して遊びを楽しむ様子に、私もとてもうれしく思っています。
- ゲームを通してコミュニケーションを身につけられています。Flosにお世話になる前は、自宅でボードゲームやトランプ等をしても勝ち負けにこだわり、負けそうになると大泣きしたり途中でやめてしまったり、途中で自分だけのルールを作ってしまったりして遊びにならなかったのですが、今では負けても「いっしょに遊べてよかったね」ということばが出ることもあり、遊ぶこと自体を楽しむようになってきたと思います。楽しく遊べた経験を重ね、どうしたら楽しく遊べるかと考え工夫することもできるようになってきていると思います。
- 今その時の気持ちを受け止め共感してもらうことで、相手のことも考えられるようになり、以前よりも柔軟性が出てきたように感じています。
- 親としても、学校での友人関係や生活面など心配なことが多い中で、子どもの集団での課題や良い点を専門の方に継続的に見ていただくことができるのは貴重な機会でした。

特定非営利活動法人 子育て応援隊むぎぐみ

発達・療育支援部門 Flos（フロス）

「子どもたちが自分らしくいられる場所を作りたい・子どもたちのもつ『可能性』を伸ばしていきたい」を理念に、特定非営利活動法人子育て応援隊むぎぐみの発達・療育支援部門として 2007 年に設立。発達に偏りのある幼児から高校生までを対象とした塾として、学習面から行動面まで、子どもと保護者の方のニーズに合った幅広い支援を提供している。

高濱正伸

花まる学習会代表・特定非営利活動法人子育て応援隊むぎぐみ理事長。
1959 年熊本県人吉市生まれ。県立熊本高校卒業後、東京大学へ入学。東京大学農学部卒、同大学院農学系研究科修士課程修了。算数オリンピック委員会理事。
1993 年、「メシが食える大人に育てる」という理念のもと、「作文」「読書」「思考力」「野外体験」を主軸にすえた学習塾「花まる学習会」を設立。障がい児の学習指導や青年期の引きこもりなどの相談も一貫して受け続け、現在は独立した専門の特定非営利活動法人「子育て応援隊むぎぐみ」として運営している。
ロングセラー『小 3 までに育てたい算数脳』『小 4 から育てられる算数脳プラス』（小社）など、著書多数。

あそトレ 発達に不安がある子が遊びながら学べる 22 のトレーニング

2017 年 12 月 20 日　初版発行
2021 年　8 月 18 日　第 2 版発行

著　　特定非営利活動法人 子育て応援隊むぎぐみ　発達・療育支援部門 Flos（フロス）
監修　高濱正伸

Flos staff：岩崎有紗・小野拓人・尾上勉・喜多見学・齊藤優子・佐藤暢昭・
　　　　　　寺地佳美・松井亮太・茂木優一郎・八木可菜子　他
Special thanks：Flos に関わるみなさま

発行者　小林真弓
発行所　株式会社 エッセンシャル出版社
　　　　〒 103-0001　東京都中央区日本橋小伝馬町 7-10　ウインド小伝馬町 II ビル 6F
　　　　電話 03-3527-3735　FAX03-3527-3736　URL https://www.essential-p.com

印刷・製本　株式会社アクセス

©Flos　2017　Printed in Japan
ISBN978-4-907838-87-4
※定価はカバーに表示してあります。
※落丁・乱丁などがありましたら、お取り替えいたします。

表紙・本文デザイン：小田直司（ナナグラフィックス）
表紙・本文イラスト：とげとげ